LA CHEVALERIE

AU

XVe SIÈCLE

PAR

P.-J. D'AUMERIE,

MEMBRE DE LA SOCIÉTÉ HISTORIQUE ET GÉNÉALOGIQUE

DE TOURNAI.

CELLES-LEZ-TOURNAI.

Imprimerie-Lithographie DESTREBECQ FRÈRES.

1904.

Hommage de l'Aut[illegible]
à son Ami
Mr Eug. Soil à Tournai
[illegible] mon [illegible]
L. [illegible]
26 - 11 - [illegible]

LA CHEVALERIE

AU

QUINZIÈME SIÈCLE.

LA CHEVALERIE

AU

XVe SIÈCLE

PAR

P.-J. D'AUMERIE,

MEMBRE DE LA SOCIÉTÉ HISTORIQUE ET GÉNÉALOGIQUE
DE TOURNAI.

CELLES-LEZ-TOURNAI.
Imprimerie-Lithographie DESTREBECQ FRÈRES.
1904.

UN TOURNOI AU XVe SIÈCLE.

Prolégomènes.

La chevalerie que nous avons vue briller du plus vif éclat à l'époque des croisades, n'est pas née ex abrupto, *c'est-à-dire, qu'elle n'a pas surgi d'une façon spontanée de l'imagination de l'un de nos princes souverains. Au contraire, elle fut l'œuvre des temps comme le sont toutes les institutions humanitaires et elle eut pour facteur principal, la religion chrétienne dont elle était la forme militaire.*

Nous ne pouvons pas assigner une date fixe à la création de cette milice du devoir et de l'honneur, car elle est sortie du sein de la société tyrannique des temps les plus reculés de notre histoire en présence du flambeau de la Foi et de l'Evangile. Elle est née de la combinaison des mœurs de la race germanique, nous disons de la race Aryenne *et de la charité chrétienne en contact avec les peuples de la race méridionale, c'est-à-dire de* l'Homo eurafricanus, *comme disent les anthropologistes, qui s'entrechoquèrent dans les Gaules au commencement du VIIIe siècle. En un mot, elle tenait par son essence, du caractère sentimental et fidèle de la race Teutonique et de la nature galante et merveilleuse du Maure de l'Arabie.*

Cette association en cherchant aventures parmi le monde, avait fait le serment de protéger l'innocence, de secourir les faibles et de combattre les Infidèles. (1) *La religion chrétienne qui avait béni son épée, s'en référait à elle en l'appelant à la défense de ses droits. Aussi, le devoir de tous ces chevaliers n'était-il pas de respecter l'honneur, de maintenir la religion, de secourir le pauvre, de protéger la veuve et l'orphelin même au péril de leurs jours, sans prétendre à aucune récompense ? Une aussi honorable mission leur donna l'occasion de se montrer juste et loyal et pour prix de leurs hauts faits, ils furent immortalisés dans leurs prouesses par les fictions des poëtes.*

(1) HENRI CONSIENCE, dans son roman historique intitulé : *La Sorcière flamande*, nous a peint comme au pinceau, le dévouement de cette noble association à la cause du juste et de l'opprimé.

S'il est vrai de dire que la Féodalité fut la matérialisation de la Société, nous dirons que l'institution de la Chevalerie en fut la moralisation, car avant son apparition il n'existait ici-bas aucun lien de confraternité entre les hommes. Par elle la Confraternité d'armes *s'est établie et l'on vit maints chevaliers, ennemis acharnés, qui, après s'être rencontrés dans une même expédition, conçurent l'un pour l'autre une inclination qui leur faisait jurer assistance mutuelle en cas de danger* et *la part dans la victoire.*

Cette confraternité d'armes, apanage de la Chevalerie, fut consolidée par la solidarité née de sa sœur la Féodalité, qui en les faisant converger vers un centre commun la suprématie hiérarchique leur donnait de la force et de la splendeur.

Déjà sur la fin du VIIIe *siècle ne voyons-nous pas Charlemage s'entourer de sa cour composée de ses ducs, de ses comtes et de ses barons, espèce de chevalerie s'il en fut, à la suite du magnanime empereur.*

Les sociétés gallo-romaines et germaniques ont toujours marqué la Chevalerie au coin du respect, de l'honneur et de la dignité entre tous les nobles de cette époque de l'histoire ; car il ne suffisait pas d'être noble pour être chevalier, mais tout chevalier, après son investiture, appartenait à la haute noblesse et possédait des marques distinctes et des privilèges noblement conquis par sa vertu connue, par son génie et par sa valeur à défendre nos droits. Ce ne sera jamais la prétendue Egalité *de 1789 qui nivellera le monde et qui anéantira ces géants de l'Humanité en les ramenant à la taille des pigmées tirés des bas fonds de la Société. C'est pour cette raison que dans le langage figuré cette institution fut appelée le* TEMPLE DE L'HONNEUR.

Parmi les privilèges accordés à la Chevalerie l'on doit compter les bénéfices qui plus tard se transformèrent en fiefs héréditaires. Ils consistaient en immunités attachées à des fonctions militaires et administratives et surtout en terres dont les bénéficiaires devinrent les seigneurs et maîtres, sauf l'hommage qu'ils devaient au souverain. Le morcellement du sol fut poussé tellement à l'extrême limite, sous la Féodalité qu'il fut dit : « NUL CHEVALIER SANS TERRE, ET NULLE TERRE SANS CHEVALIER ».

A cette époque du moyen-âge, la noblesse était divisée en plusieurs catégories :

On trouvait d'abord la noblesse ancienne, c'est-à-dire, celle de nom et de race affirmant ses titres par ses quartiers, descendant d'une longue suite d'aïeux ne comptant que des HOMMES LIBRES, *et ayant le caractère de l'ingénuité. Les noms et les titres qu'elle portait se sont transmis par tradition à travers les siècles et ils ont toujours donné un lustre des plus brillant aux familles qui les ont possédés, et ceux qui les ont portés furent dans tous les temps l'objet de la vénération publique,*

Cette noblesse constituait à elle seule la véritable noblesse et l'entrée de l'un de ses membres dans les états nobles le dispensait de prendre des diplômes.

Cette première catégorie se subdivisait elle-même en deux parties :

Il y avait la noblesse chevaleresque qui tenait le premier rang dans la Société et la noblesse magistrale, c'est-à-dire, celle attachée à de hautes fonctions administratives qui impliquaient cette qualité, lesquelles devinrent toutes deux héréditaires.

Avant le XIe siècle on tenait pour nobles, tous ceux qui étaient puissants et riches, mais à dater de cette époque, LA NAISSANCE CONSTITUA SEULE LA NOBLESSE A L'EXCLUSION DES RICHESSES, *et l'on commença les généalogies des familles qui prirent dès lors des noms patronymiques, lesquels distinguèrent les races et indiquèrent la pureté du sang. C'est ainsi que les emblèmes ou armoiries dont on n'avait fait usage jusqu'alors que d'une façon arbitraire commencèrent à se classifier* (1). *Les peuples ont toujours considéré les familles qui portaient ces symboles* comme marquées *du sceau de la puissance et de la grandeur.*

(1) Par leurs armoiries, les familles chevaleresques étaient reconnaissables en ce qu'elles seules avaient le pouvoir de timbrer leurs écus, d'un casque, symbole de leur supériorité.

Les nobles de la seconde catégorie étaient ceux dont les ancêtres, possédant de gdes fortunes, bien que n'appartenant pas à la Chevalerie ni à la magistrature, avaient vécu noblement. C'était la noblesse par possession d'état. Quoi qu'on dise, les anciens ont toujours considéré la richesse, bien qu'elle ne fût qu'un des attributs accidentels et contingents de la noblesse, comme étant l'un des caractères constitutifs, indispensables et nécessaires.

Vient ensuite la noblesse à parchemins, *c'est-à-dire, celle qui est sortie de la bourgeoisie depuis Philippe-le-Hardi et qui reçut des* lettres patentes. *L'histoire a conservé le nom de Raoul l'Orfebvre, qui le premier obtint cette distinction honorifique en 1270. Cette troisième catégorie de nobles que nous décrions, n'est pour nous, pas plus que les suivantes, de la vraie noblesse, car elle est issue de la roture, c'est-à-dire,* D'AÏEUX ESCLAVES.

En quatrième lieu nous avons la noblesse dont les titres furent acquis à raison d'emplois et de dignités. On trouvait aussi en France parmi ces derniers la noblesse archère, *c'est-à-dire, celle formée par les descendants des Francs-Taupins de Charles VII, et celle des secrétaires du roi. Si nous quittons momentanément la définition de la Chevalerie pour consulter son histoire, nous la rencontrons, comme nous venons de le dire, en possession du privilége de conserver nos traditions, de soutenir la Religion de nos pères, dont elle sera toujours la sauvegarde, et de défendre la cité contre les agressions étrangères. Cette honorable mission dévolue à la Chevalerie n'a pas été retirée aux citoyens nobles et valeureux, et malgré les lois abolitives de la République française* (1), *la noblesse restera toujours la noblesse, la vertu ne cessera jamais d'être la vertu*

(1) Le 17 Brumaire an IV, le Directoire fit publier dans nos provinces, les décrets des 19 Juin 1790, 27 Septembre et 7 Octobre 1791, et quatre jours après ceux des 1er Août, 14 Septembre 1793 et 18 Vendémiaire an II, abolissant les qualités nobiliaires et les titres honorifiques.

Ces décrets ne furent pas rapportés de fait par nos différents Gouvernements depuis cette époque, mais ils le furent d'une manière tacite, par Guillaume I, après la réunion de la Belgique à la Hollande en 1815.

et le flambeau du génie qui brille jusqu'au firmament, ne cessera jamais d'éclairer le monde pour le bonheur de l'Humanité. Toutes ces qualités sont légitimes, indélébiles et indestructibles de leur nature. Elles constituent par leur essence LE DROIT DIVIN *de la vraie noblesse, dans l'acception la plus large du mot.*

Nous prédisons des malheurs à la religion chrétienne, pour le jour où, étant devenue une faction politique, elle se dégagera de sa tutelle : car alors, abandonnée à ses propres forces, elle devra courir les chances de succès et de revers.

Une chose que l'on doit déplorer amèrement pour le bonheur des faibles, c'est l'extinction constante et l'annihilation de cette race antique, de ces champions du devoir et de l'honneur et de les voir remplacés par les adeptes d'un tout autre ordre de choses, c'est-à-dire, par les disciples de l'égoïsme judaïque qui menace d'abrutir et d'envahir le monde.

Les révolutions qui se sont succédé dans le cours des âges sous les rapports économiques et égalitaires, ne sont donc pas les seules que l'on ait à constater : cette extinction des familles anciennes devient effrayante à tout observateur attentif, car il ne reste debout, au siècle dans lequel nous vivons, que bien peu de ces anciens possesseurs du sol sous les deux premières races de nos rois, c'est-à-dire, remontant leurs généalogies avant l'époque des premiers anoblissements. La fatalité même semble avoir pesé sur elles, car leur statistique fut de tous temps impossible, vu l'absence de renseignements permettant de faire une semblable supputation. Le plus sérieux qui soit connu en Belgique est l'armorial de Gelre, consistant en un album d'armoiries ou manuscrit en parchemin formant un volume in 8°, daté de 1334-1372, reposant à la Bibliothèque royale de Bruxelles et ayant trait pricipalement à l'Empire germanique.

Vient ensuite le Miroir des nobles de la Hesbaie, *par* JACQUES DE HAMRICOURT, *particulier à cette contrée, daté de 1398, et enfin celui de Jacques Le Boucq, héraut d'armes des comtes de Hainaut. Cet armorial date du XVme siècle. Il repose à la Bibliothèque communale de la ville de Valenciennes.*

En France, nous avons celui de Colbert, commencé en 1666. Avant lui, Montfaoucq avait entrepris des recherches pour la Normandie en 1463, c'est-à-dire, 33 ans après l'époque à laquelle Philippe-le-Bon, duc de Bourgogne, avait fait dresser par son héraut d'armes, à Bruges, la nomenclature des chevaliers de la chrétienté après l'institution de l'ordre de la Toison-d'Or. Ces documents sont les seuls authentiques, datant des XIVme et XVme siècles.

La Chevalerie, telle qu'on l'entend, c'est-à-dire, la Chevalerie chrétienne, a trouvé sa force et sa puissance dans son organisation : aussi, vit-on, dès les premiers âges, se créer des associations qui prirent le nom d'ordres de chevalerie, *lesquelles avaient leurs lois imposant des devoirs à ceux qui avaient l'honneur d'y participer.*

Voici quels furent les premiers ordres de la Chevalerie :

1. *Nous rencontrons d'abord* L'ORDRE SOUVERAIN DE SAINT-JEAN DE JÉRUSALEM, *établi dans la Terre Sainte en 1048. Cette institution prit aussi le nom de* FRÈRES HOSPITALIERS. *L'empereur Charles-Quint lui ayant cédé l'île de Malte, le 24 mars 1530, elle s'y établit et elle en prit désormais le nom. De là, la dénomination de* CHEVALIERS DE MALTE. *C'est la croix portée par ces nobles chevaliers qui servit de motif à celle adoptée plus tard par les Templiers ainsi que par une branche de la maison de Lorraine, issue des rois de Germanie par la famille dite* D'ALSACE. *De là, la dénomination des croix* de Lorraine *et* d'Aymeries *que nos ancêtres ont portées avec fierté dans leur cimier et en contre-seau de leurs armes. Elle prit aussi le nom de* croix patriarcale.

De nos jours, l'ordre des Chevaliers de Malte est placé sous la protection de l'empereur de Russie.

2. L'ORDRE DES TEMPLIERS, *institué après la prise de Jérusalem lors de la première Croisade. Cet ordre suivait la règle de Saint Basile. Les chevaliers faisaient vœu de chasteté, d'obéissance et de pauvreté. Sa bannière était : parti* d'argent et de sable, *sur le tout :* une croix de gheulles à double traverse.

Le porte-étendard portait le casque, les bragues de mailles, la cotte d'armes de sable et le manteau d'argent. Par son armure il revêtait les caractères de la chevalerie.

Les chevaliers, au contraire, portaient le costume claustral, c'est-à-dire, la longue robe noire, le manteau blanc à la croix de sable et la toque rouge, C'est cette croix de sable à double traverse qui fut portée par la famille d'Aymeries, excepté qu'en brisure elle est bordée d'argent.

3. L'ORDRE ET ARCHICONFRERIE ROYALE DU SAINT-SÉPULCRE DE JÉRUSALEM *a aussi pris naissance en Terre sainte en 1149.*

4. L'ORDRE ROYAL DE SAINT-LAZARE DE JÉRUSALEM *fut aussi institué en Palestine vers 1160, c'est-à-dire, pendant la période des croisades.*

5. L'ORDRE ET CONFRÉRIE DE SAINT-GEORGES EN FRANCHE-COMTÉ *établi en 1390, par Philibert de Morlans, écuyer du duc de Bourgogne.*

6. L'ORDRE DE SAINT-HUBERT, *créé en 1416 par Louis I, duc de Bar. Il porta d'abord le nom de* FIDÉLITÉ.

7. *Enfin,* L'ORDRE DE LA TOISON D'OR, *institué à Bruges, le 10 janvier 1430 par Philippe-le-Bon, duc de Bourgogne.*

L'installation de cette nouvelle Chevalerie *eut lieu en 1430, lors des fêtes données à l'occasion du mariage de ce prince avec l'infante Isabelle de Portugal.*

Cette institution donna à son auteur un surcroît d'influence sur la haute noblesse. Cet ordre était placé sous le pieux patronnage de la Sainte Vierge et de Saint André, apôtre.

Les statuts-constitutifs de l'ordre ou le code d'honneur et de vertu chevaleresque en furent donnés à Lille et publiés le 27 novembre 1431. Ils consistaient en 94 articles et portaient entre autres dispositions :

1° *Que Philippe-le-Bon, fondateur de l'ordre, en serait le chef-suprême ainsi que ses successeurs immédiats de la lignée de Bourgogne.*

2° *Qu'il y avait : quatre officiers de l'ordre, savoir :*

A. *Un chancelier.*

B. *Un trésorier.*

C. *Un greffier.*

D. *Un héraut d'armes appelé* TOISON D'OR.

3° *Que le nombre des chevaliers serait de 31, nommés à vie, excepté le cas de dégradation pour hérésie, lâcheté, trahison ou félonie.*

4° *Que les insignes de l'ordre seraient le collier d'or par pièces à façon de fusil, touchant à pierres, c.-à-d. de pierres à feu et de briquet en forme de B, (Bourgogne), desquelles partent des étincelles ardentes, et à l'extrémité inférieure duquel pendait un simulacre de toison de brebis. Ses devises seraient :* A. AULTRE N'AURAI ! *par allusion aux statuts qui défendent à tout chevalier de l'ordre, excepté aux empereurs et aux rois d'appartenir à un autre ordre quelconque de chevalerie.* B. Ante ferit quam flamma micat *et* C. Pretium non vile laborum.

5° *Que ce collier restera la propriété exclusive de l'ordre et que le chevalier revêtu de cet insigne devra le porter autour du cou et d'une manière apparente.*

6° *Que les chevaliers porteront le chaperon rouge à cornette et le manteau d'écarlate fourré d'hermines, ainsi que la robe longue de même couleur, bragues rouges, le tout galonné d'or et qu'ils timbreront leurs écus du heaume d'or damasquiné, taré de front à la manière souveraine, mais grillés* (1).

7° *Que lors de son investiture le chevalier prêterait le serment d'obéir au Grand Maître de l'ordre, d'être fidèle aux lois et aux statuts et de soutenir la religion catholique.*

8° *Que le chef-lieu de l'ordre serait la Sainte-Chapelle de Dijon, église fondée par Hugues III, duc de Bourgogne.*

(1) M. DE GELLINCK D'ELSEGHEM possède dans ses archives, une copie incomplète, non signée ni datée de ce chirographe. Elle diffère de l'original que nous avons entre les mains en ce que son style est plus élégant, d'une signature plus soignée et que dans les marges, un amateur y a dessiné des armoiries en regard de la majeure partie du texte. L'écriture de ce manuscrit est du XVIe siècle.

Quant au manuscrit que nous publions il est de la main de GILLES DE REBECQUE, Montois d'origine, hérault d'armes du duc de Bourgogne en 1463, lequel est connu sous le pseudonyme DE SAINT-PAUL. La partie de cet armorial ayant trait à la famile de Luxembourg a été publiée par MAURAIN-NAHUIS.

Les ornements sacerdotaux que Philippe-le-Bon avait fait confectionner à Bruges pour les cérémonies des grandes solennités de l'ordre, sont encore conservés en la ville de Vienne en Autriche.

Après la mort de Charles-le-Téméraire, sa fille unique Marie de Bourgogne, transporta la grande maîtrise de l'ordre dans la maison d'Autriche. Depuis l'empereur Charles-Quint, cet ordre est conféré par les rois d'Espagne, en leur qualité de descendants de la maison de Bourgogne.

C'est au sujet de cette institution que Philippe-le-Bon, duc de Bourgogne et possesseur de nos provinces, ordonna à son héraut d'armes, à Bruges, de dresser la nomenclature de tous les empereurs, rois, ducs, comtes, barons, marquis et chevaliers de la chrétienté, aptes à recevoir cette distinction honorifique. (1)

C'est ce travail que nous publions aujourd'hui comme étant notre propriété exclusive, afin d'apprendre aux générations futures à faire la distinction entre la noblesse ancienne, c'est-à-dire, LA NOBLESSE DE RACE *d'avec celle qu'on rencontre de nos jours et qui n'a rien de commun avec la première. Cette publication a encore un autre but : c'est celui de faire connaître quelles étaient les armoiries de cette noblesse primitive, afin de les distinguer de ces milliers d'écussons armoriés qui virent le jour au siècle de Louis XIV et qui tentèrent la vanité de beaucoup de rustres de cette époque, car dans ce temps l'on en fit à toutes les sauces, c'est-à-dire, pour tous les goûts. Il n'y avait plus alors tel petit magistrat, homme de fief, bailli, mayeur ou écherin de la plus petite seigneurie quelconque, qui n'eût un sceau armorié. Tout individu exerçant une profession libérale avait ses armoiries particulières, fût-ce même à la façon du Dr Desbordes, dont la plupart étaient dites académi-*

(1) Ce casque est celui que l'on voit sur la pierre sépulcrale d'Adrien d'Aymeries, ainsi que sur un tableau obituaire appendu dans le chœur de l'église de Gibecq, au millésime de 1559.

Les notes des pages VIII et IX des Prolégomènes ayant été interverties par suite d'une erreur de composition, nous prions le lecteur de bien vouloir attribuer à la page VIII, la note de la page IX, et vice-versa.

ques. Ils sont malheureusement trop nombreux, ces porteurs de diplômes académiques qui, faute d'empoi lucratif, exploitent la vie humaine et rôdent comme des rats, nous disons comme des loups affamés autour de nos prétoires.

Toutes les maisons monastiques, les gildes ou corporations de métiers avaient aussi leurs armoiries , puis venaient celles des maisons de commerce qu'on appelait alors, comme on les appelle encore de nos jours, des marques de marchands. Enfin pour clore cette énumération nous dirons que le sieur d'Hozier en France, moyennant finances, en donnait, même d'une manière arbitraire à tous ceux qui en désiraient. Voilà ce qu'ont été ces marques distinctives des familles chevaleresques rappelant pour la plupart des faits glorieux, dont elles avaient le droit de s'énorguellir et quelle fut plus tard la cause de leur avilissement.

Anserœul, le 15 Juin 1904.

P.-J. d'AUMERIE.

DESCRIPTION ICONOGRAPHIQUE DE LA PLANCHE I.

Un tournoi à Bruges au XVme Siècle.

Au premier plan à dextre du tableau, on voit un héraut d'armes habillé de pourpre, coiffé d'une toque à plumes, tenant par la bride un superbe dextrier pommelé. A senestre on remarque un chevalier armé de toutes pièces, la lance au poing, prêt à combattre ; son cheval est caparaçonné aux armes de son chevalier qui est un losangé portant la lettre initiale G en caractère gothique.

Au plan suivant se trouvent les deux jouteurs : celui de droite à l'armure dorée et à la cotte d'armes de gueules a pour cimier un écran houssé et armorié aux armes de l'écu qui est celui d'un embranchement de la maison d'Alsace duquel fait partie la famille de Dameries. Ce chevalier est assisté d'un écuyer de sa race, car il porte la livrée *d'or et de gueulles en bande..* Du cimier au casque empanaché de plumes noires émerge une gracieuse demoiselle. Près de ce chevalier se tient un écuyer servant, au costume parti à taillades d'or et d'azur, et à sa gauche se trouve le joueur de trompe, tout de sinople habillé, réglant le combat. Au troisième plan se trouve aussi un jouteur à demi caché par la barrière. De toute part les chevaux piaffent en rongeant leurs freins sur un sol jonché d'armes brisées.

Dans le lointain on aperçoit les créneaux des demeures seigneuriales, remplis de monde appartenant à la chevalerie, ainsi que des échafauds et un parterre bondés d'une multitude innombrable de spectateurs accourus pour jouir du spectacle offert à la curiosité publique, par ces immortels champions du devoir et de l'honneur.

Cette miniature se rencontre dans *Le Livre d'heures* de *Jeanne* La Folle, mère de l'empereur Charles-Quint (1). Elle fait aussi partie d'un exemplaire enluminé des statuts ne l'ordre de la Toison d'or.

(1) Bibliothèque royale de Bruxelles. *Manuscrit* 2e série, n° 158.

SPÉCIMENS D'ÉCRITURE.

PRÉAMBULE DU TRAITÉ OU CODE DE LA SCIENCE HÉRALDIQUE

Pour ce que par plusieurs chevalliers

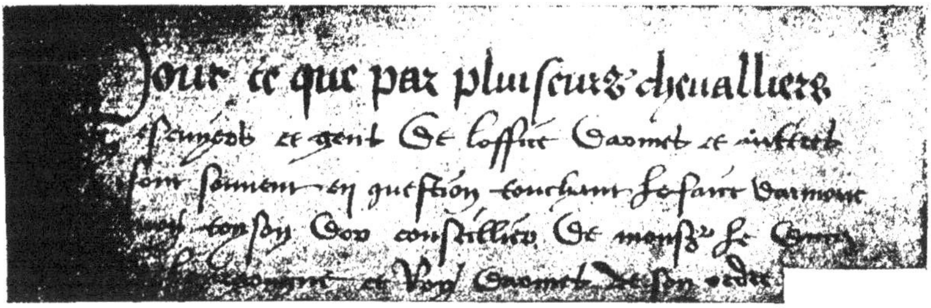

FIN DU TRAITÉ ET MARQUE DU PAPIER

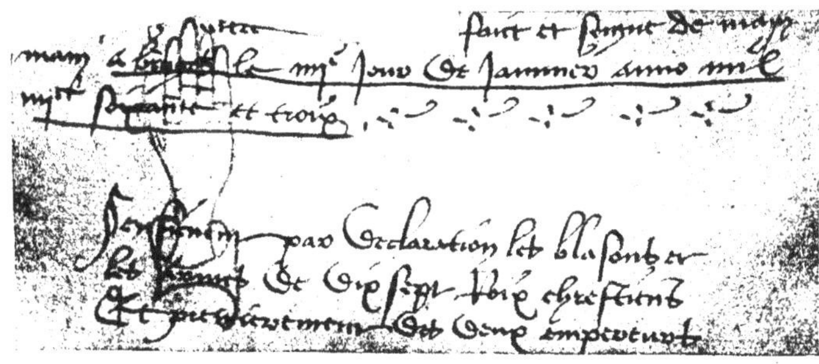

Cette marque de papier nous est connue, il en existe deux échantillons dans un ouvrage en six volumes reposant aux archives du Royaume à Bruxelles, intitulé : « *Spécimens de papiers recueillis dans les diverses collections de documents qui composent les archives du royaume de Belgique.* »

On trouve ce papier :

Tome III, page 159. — Chambre des comptes, dossier n° 31.474, Alost, année 1479.
idem 194. — idem ibidem 35,303, Grammont, année 1486.

Ces deux spécimens sont les garants de l'authenticité de ce chirographe.

PRÉFACE DE L'ÉDITEUR.

Le manuscrit que nous publions aujourd'hui étant l'un des plus riches documents existant en Belgique en matière héraldique et nobiliaire, nous avons pris soin pour faire connaître toute sa valeur paléographique de le reproduire tel quel, c'est-à-dire, de le présenter dans son format, page par page, ligne par ligne et mot par mot.

Pour être complet, nous avons tenu à imprimer le texte courant en caractères romains, à mettre la ronde en grandes et petites capitales, et l'écriture gothique en caractères de la même espèce. La seule différence qu'on y remarquera, c'est que nous avons rétabli dans leur entier développement. tous les mots présentant des abréviations assez nombreuses, ce qui était de mode à cette époque. Nous dirons même que ce fait est l'un des caractères distinctifs de l'écriture du XVe siècle.

Nous prévenons nos lecteurs peu initiés à ce genre d'orthographe, que dans les textes de cette époque, les accents étaient négligés ainsi que les apostrophes ; que la ponctuation était trés irrégulière et que l'emploi des majuscules avait lieu d'une manière désordonnée.

Pour accorder la plus grande authenticité possible à ce travail, nous donnons ci-contre deux spécimens de l'écriture pris à des endroits du manuscrit où l'on rencontre ces différents caractères reproduits d'après les procédés modernes de la photogravure.

Par ce procédé, nous donnons même la marque et les filigranes du papier employé par l'auteur de ce chirographe. Ils sont tirés du commencement et de la fin du traité qui précède la nomenclature des chevaliers de la chrétienté de ces temps reculés de l'histoire. Ces deux spécimens servent aussi à prouver que l'armorial que nous publions aujourd'hui est celui du héraut d'armes du duc de Bourgogne, possesseur de nos provinces, et qu'il porte la date de 1463, écrite en toutes lettres.

ARMOIRIES
DE LA
FAMILLE DE DAMERIES.

PAGE 61, LIGNES 23 & 24.

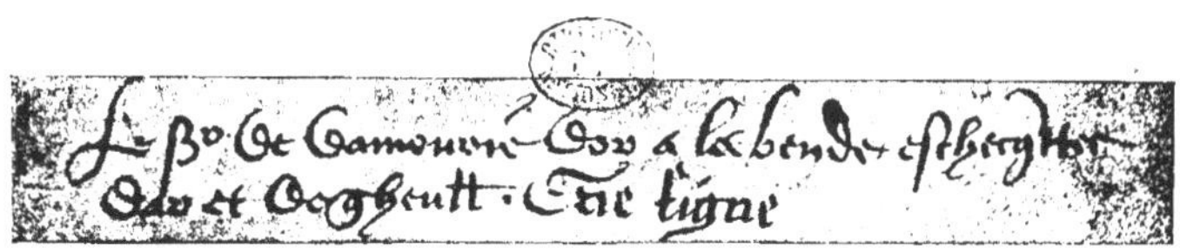

Le Bo de Damerie dor a la bende eschequete
dor et de gheulle. Crie ligne

Pour ce que par pluiseurs chevalliers
escuyers et gens de loffice darmes et aultres
sont souvent en question touchant le faict darmorie,
MOY TOYSON D'OR, (1), conseillier de Monseigneur le ducq
de Bourgongne et Roy darmes de son ordre me
suis mys a escripre selon mon petit advis choses
servans a che pourpost. Et pour parler damoirie
Vray est quil y doibt avoir mesure cest asseavoir
que le cief de lescu doibt porter le tierch et aussy
sont touttes croix, bendes, chevirons et faches et
sautoirs. Aussi ya mesure en bordure et en bastons.
Aulcuns demandent de quelz coulleurs bordures
doibvent estre. Sur quoy je Respons que bien
pourroient estre de touttes coulleurs et mettaulx.
Touttefois il n est poinct accoustume de faire bordure
de chable. La Raison sy est que en touttes armoiries
du monde soit de metal ou de coulleurs doibt
avoir ung petit traict de chable pour fachonner
lescu ou moins est il ainssy accoustume de faire
et de tous temps. Et pour ce que peintres, orfebvres
brodeurs et tapissiers ne congnassent la mesure
telle que la bordure doibt avoir ils les poulroient
faire sy pettittes que on penseroit que ce ne fust que
le traict de lescu et que che fuissent les plaines
armes. Toutteffois je ne veul pas dire que
la bordure de chable faicte ainssy que elle doibt estre
ne soit brisure. Mais pour les Raisons dessus dictes
on na poinct accoustume de le faire de chable,
comme dessus est dict. Et le chef des armes
ne luy souffrira pas a porter sil ne voeult et
lui fera changier en aultre coulleur quy se
porte en armoiries soit metal ou des aultres
coulleurs que se en armoirie on luy

(1) GILLES DE REBECQUE, dit DE SAINT-PAUL, montois d'origine. (Communication de Mr GONZALÈS DESCAMPS, *archéologue Montois.*)

baillera aultre brisure Raisonnable. Car de droict le chief des armes le poeult faire. Et pour parler de la mesure dune bordure elle doibt contenir trois traictz voir sy lestat nestoit si petit que ladicte bordure empeschast trop lamour. Et quand a la mesure des bastons quy se portent en armoirie ils doibvent estre de la grandeur dune bende aussi une bende doibt comprendre trois bastons et le baston troist traictz. D aultres brisures comme de soleil, croissans, estoiles, molettes, Roses et aultres plusieurs et semblables brisures ny a point de mesure Mais tousiours est accoutume de les faires telles que on peult congnoistre que ce soit brisure. Et se poeullent faire de telz mettaulx et couleurs que se portent en armoirie. Aulcuns demandent se ung chascun poeult prendre telle brisure quil luy plaict. Je respons que non Car de Raison nul ne doibt prendre les bambiaux que le fils aisnez. Et ce aulcuns prendroient brisure que ne fust Raisonnable a porter le chief des armes luy poeult debattre et luy faire porter brisure telle qu il appertient. Toutteffois je ne dictz mye que par Raison ung maisnez ou sy sont pluisieurs frères en ung lignaige que ne puissent bien esquarteller des armes de pere et de mere ou daulcunes seignouries sil les ont venant dhéritaige et poinct dacqueste. Car armes ne se poeuvent vendre, donner ne alliener. Et quy plus est nul ne se poeult assessonner d armes daultruy car se ung homme avoit porte armes a tort unes armes lespace de cent ans et celluy a qui elles debveront appertenir les debats de droict il les Raueroit mais en prennant la brisure Raisonnable et accoustumee de faire. On poulroit aussi demander sy ne sont que deux freres en ung lignaige le pere trespassez sy le second frere poeult prendre les lambiaux entendu que laisne fils nest poinct mariez. Je dictz que non. Car laisnet frere se poeult marier et avoir filz auquel les lambiaux appertiendront comme a celluy descendu de droicte ligne et les enffans du second frere iroit en ligne collateralle. On demande se ung bastard est mariez et quy porte sur ses armes ung baston sy ses enffans legitimez porteront ledict baston ou silz le doibvent oster entendu quilz ne sont point bastars et prendre aultres brisures. Je Respons que se le chief des armes compaigniez de ses parens du non et des armes ne luy en doibvent licence de oster le baston quil fault quy monstre dont il est venu. Bien poulroit esqarteller de sa mere mais au quartier des armes de son pere le baston y doibt estre se nest pour les Raisons dessusdictes. Cest asscavoir par authoricte du chief des armes comme dict est. Pluiseurs aultres choses en armoirie polroient estre demandees, mais de present nest question daultre chose que des dessus dictes sy nen faictz aultre declaration faict et seigne de may main *a Bruges le iiij[e] jour de janvier anno mil iiij[cc] soixante et trois.*

Sensievent par declaration bles lasons et
les armes de dix-sept Roix chrestiens
Et premierement des deux empereurs

Lempereur DE CONSTANTINOBLE porte : *dor a une croix de gheulles, entre les membres de la croix iiij besans de gheulles. Et crie* : CONSTANTINOBLE.

1 - **Lempereur** DES ROMAINS ET D'ALLEMAIGNE porte : *d'or a ung aigle de sable membre de gheulles*. Et crie : ROMAINE NOTRE-DAME KONGHERIE AU CHAMPION DE DIEU !

2 - LE NOBLE ROY TRESCHRESTIEN DE FRANCE porte : *d'asur a iiij fleurs de lys dor.* Et crie : MONT JOIE NOTRE-DAME ET SAINCT DENIS !

3 - LE ROY D'ENGLETERRE porte : esquartelle d'Angleterre et de France. Le premier quartier : *de gheulles a iij lupars dor*, ung aultre quartier : *dasur a iij fleurs de lys dor*. Et crie : SAINCT-GEORGES A NOTRE-DAME !

4 - LE ROY D'ESPAIGNE porte esquarteles de Castille et de Leon. Le premier cartier : *de gheulles a ung chastiau dor machonnet dasur, laultre cartier* : *dargent a ung lyon de pourpre en bende arme et couronne dor*. Et crie : CASTILLE NOTRE-DAME !

5 LE ROY DE PORTINGAL porte : *dargent a chincq escuichons dasur en croix pardessus chacun escuchon cincq besans dargent en sautoir.*

a une bordure de Ghueulles semees de chasteaux, naissant de la bordure une croix flouree de sinople. Et crie : PORTINGAL A NOTRE-DAME A BON PORT !

6 LE ROY DESCOCHE porte : *dor a ung lyon de Gheulles a ung double tressoir dedens et dehors florettes.* Et crie : ESCOCHEVENT A NOTRE-DAME !

7- LE ROY DE HONGHERIE porte : *fache de VIII pieches dargent et de gheulles.* Et crie : HONGHERIE !

8- LE ROY DE BEHAINGNE porte en pale : *dor et dasur.* Sur lor : *ung lyon de sable arme et langue.* Sur lasur : *ung lyon arme dor langue de gheulles et sont les deux lyons remontrans lung contre laultre.* Sur le tout : *ung escuchon dor a ung aigle de sable, a la teste partie en deux.* Et crie : BEHAINGNE !

9- LE ROY DARRAGON porte : *pale dor a iiij peulz de gheulles.* Et crie : MONSERAST A NOTRE-DAME !

Le Roy de CECILLE porte : *dasur seme de fleurs de lys a ung lambiel a trois pendans de gheules.* Et crie : Cecille !

Le Roy DENEMARQUE : *dor a iij lupars dasur lung sur laultre.*

Le Roy de FRIZE porte : *dasur a iiij bendes dor semees de cœurs de gheulles.*

Le Roy de CYPRES porte esquartelle de Cipres et de Jerusalem. Le premier quartier est : *fachiez de dix pieches dargent et dazur.* Sur le tout : *ung lyon de gheulle a la keuwe fourchye croisie et partie en sautoir, ongle, dente, couronne dor, langue dazur.* Laultre quartier est : *dargent a une croix dor potentet entre les quatres membres de la croix quatre petittes croisettes de meismes.* Et crie : Cipres Notre-Dame, Jerusalem, Lusegnam a la rescousse !

Le Roy de NAVARRE porte esquartelle de Navarre et de France. Le premier de Navarre : *de gheulles a une escarboucle dor fermee, pommellee et perchie de Sinoble.*

laultre quartier : *dazur seme de fleurs de lys dor a ung baston en bende copponee de six pieches dargent et de gheulles.* Et crie : NOTRE-DAME NAVARRE, SARAGOSSE A LE RESCOUSSE !

15 LE ROY DE JERUSALEM porte : *dargent a une croix dor potentee. entre les quatres membres iiij croisettes de mesmes.* Et crie : JERUSALEM !

16. LE ROY DE GALICE porte : *dazur a ung calice dor semez de terrefler de mesme.* Et crie : GALICE. Crie : SAINCT-JACQUES A SECOURS !

17. LE ROY DE NOORTWEGHE porte ou doibt : *dargent et dasur en fache.* Sur le tout : *ung griffon de gheulle.*

18. LE ROY DERMENYE porte : *esquartele dargent et de sable.* Sur le premier quartier : *dargent a ung lyon de gheulles couronnez coewe fourconnez, croisiez et partie en sautoir, ongle, dente, couronne. langue dasur.* Sur laultre quartier : *dargent a ung serpent de sable tauele de sinople.* Sur le premier quartier : *de sable a ung lyon dor armez de gheulles.* Sur le second

quartier : *de sable ung lyon Rompu, ourle destoillettes dor.* Et crie : ERMENIE ou CIPPRE A SON SECOURS !

19. LE ROY DE POULANE porte esquartele. Premier quartier : *de gheulles a ung chevallier dor monte sur un cheval dargent arme de plain harnas. lespee au point prest a combatre.* Laultre quartier : *en fachie dargent et de sable.* Sur le tout : *ung aigle de gheulle a la teste partie en deux membres couronnez dor.* Et crie : SAINCT WILDEBROUCQ !

20. LE ROY DIRLANDE porte : *dazur a ung Raiz de solleil dor a ung orle destoillettes de mesures.*

21. LE ROY DE VALENCE-LA-GRAND porte : *pale dargent et dazur et sont les pieulx pesantdes dor a un chief de gheulles a trois testes de Roynes.*

22. LE ROY DE PBRE ? JEHAM porte : *dor umbre dune croix et crucifix dazur et deux escartez de mesmes et dextre et a senestre en pale.*

23 - Le Roy DE CANDY porte parti en fache. Sur le premier party : *dazur a deux couronnes dor*, et second party : *de gheulles a iij pommes qe ping dor.*

24 - Le Roy dIRLANDE : *de sable a ung lyon dor seant en une cheyere de mesmes, tenant en sa main une fleur de lys dor et tient les jambes lune sur laultre.*

Sensieuvent les Roys de

chrestiennete et les Royaulmes tant ordinaires adjectif que conjonctif.

Esquelz les aulcuns sont par la position applicquez oings, sacreez et laureez, les aulcuns non sacreez ne oings mais couronnez tant seullement, aulcuns couronnez

Desquelz en sont deux de pareille dignite est asscavoir LEMPEREUR DALLEMAIGNE et LEMPEREUR DE CONSTANTINOBLE car chacun deux est roy DES ROMAINS et a permis le sainct siege apostolicque adcause que les guelfes ne se fesissent hereticques.

Les dictz empereurs sont sacres, oings et laureez de diademe. Le Regne de chacun deux a force et puissance en toutte la terre du monde Excepte au royaume de France, de Cecille et de Jerusalem.

LE ROY DE FRANCE est appelle LE TRES CHRETIEN ROY. Ceste prerogative obtint et en fust dor et pour ses successeurs CHARLES LE GRAND pour sa tres excellente et grande devocion quil euissist toujours en deffendant

la franchise et liberte de leglise et amplifiant
la foi catholicque par faictz darmes
en batailles contre les infidelles. Estuy
par digne deserte est oingt et sacre son
Royaulme a francq et liege et ne a aulcune
addition ne communion de terminer avecqs
aulcun Roiaulme.

Le Roy de JERUSALEM de CECILE et de HONGHERIE
vins intitules Joinctz par le siege appostolicque
du temps du digne memoire *Charles*
de paix pour ses grands merittes cestuy
est ung sacreez et couronnez de diademe
et de par soy ung chacun des ditz trois roiaulmes
a la dignite de sacre et de couronne et
est le second en ordene et Recongnoist
le siege appostolicque en souverain.

Le Roy de CIPRE comme la foy ihucrist du
temps des appostres commenchier multiplier
le siege appostolicque disposa le aourner
de dignites Et previlleges et le institua
tiers en ordre et est sacre oingt et
couronne.

Le Roy de BOSHNIE nest sacre ne oingt
mais est couronne.

Auquel Royaulme esl adioinct le Royaulmc dIrlande, cest Royaulme a tant seullement non de Roy sil estoit desioinct.

Le Roy de CASTILLE est oingt, sacre et couronne auquel adioinct le Royaulme nommez de Region, aultrement Leons et luy disioinct de laultre naueroit que non de Roy

Le Roy dARRAGON nest sacre ne vingt pour che quil fust le derrain venant a la foy acestuy sont adioinctz deux Royaulmes asscavoir Vallences et Maiorquez pour lesquelz deux Roiaulmes est couronnes de couronne de fer.

Le Roy de NAVARRE nest sacre oingt ne couronne et Recongnoit le Roy de Castille en souverain.

Le Roy de PORTINGAL est couronnez et non sacrez.

Les quatres princes de la crestiennete

sont :

Le prince de Lamouree porte : *dor a une croix de sable au cœur et sur les bors de la croix des testes de serpentiaulx.*

Le prince de Galles DE GALLES porte : *esquartelez de France et d'Engleterre a un lambiau dargent.*

Le prince de Tarrente TARRENTE : *de France a une bende dargent a ung lambiau de gheulles de iij pieces.*

Le prince dOrrenge LE PRINCE DORRENGE : *dor a ung cor dasur lye de gheulles.*

Les ducez

Le premier duc est asscavoir : LE DAULPHIN porte : *esquartellez de France et dor a ung daulphin dazur.*

30 Le duc DE NORMENDIE : *de gheulles a deux lupars dor passant lun sur laultre.*

31 Le duc DE GHIENNE : *dor* (*et*) *de gheulles a ung lupart dor.*

32 Le duc DORLIENS : *de France a ung lambeau dargent de trois pieces.*

33 Le duc DAVION : *de France a une bordure de gheulles.*

34 Le duc DE BOURGONGNE : *esquartelle de France a bordure copenee dargent et de gheulles. Et de Bourgongne bendez de six pieces dor et dazur commenche et une bordure de gheulles.*

35 Le duc DE BRETAIGNE : *dhermines.*

36 Le duc DE BOURBON : *de France a ung baston de gheulles en bende.*

37 Le duc DALLENCHON : *de France a une bordure de gheulles besandee dargent.*

38 Le duc DE NEMOURS : *de France a une bende de gheulles. Sur la bende trois lyons dargent.*

39 Le duc DE BERRY portoit : *de France a la bordure de gheulles dentee.*

40 **Le duc de Lorraine** : *dor a une bende de gheulles a trois allerions dargent sur la bende.*

41 Le duc DE BAR : *dasur a deux baives dor adossez et le champ semez de croisettes dor croisiettees et fichees.*

42 Le duc DE SAVOIE : *de gheulles a une croix dargent.*

43 Le duc DE MILLAN : *dargent a ung serpent dazur couronnez dor, trois tour montant, trois descendant, en sa bouche ung fan de gheulles.*

44 Le duc dAndere : *de gheulles a une estoille dargent de XVI Rayes a une bordure dor engresselee.*

45 Le duc de Lanclastre : *dEngleterre a lambeau dermines.*

46 Le duc dAustrice : *de gheulles a une fasche dargent* et paravant *dazur a une esglez dor.*

47 Le duc de Baviere : *losengie en bende dargent et dazur.*

48 Le duc de Jullers : *dor a ung lion de sable.*

49 Le duc de Gheldre : *dazur a ung lyon dor a la keuwe fourkye, croysie et couronne dor.*

50 Le conte dEvreulx portoit : *de France a baston coppene de VI pieces dargent et de gheulles.*

Conte et Marquis.

51 **Le conte de Flandres**, *(dor) a ung lyon de sable moussete, armez de gheulles.*

52 Le conte DE CAMPAIGNE : *dazur a une bende dargent a deux cornes dor potentee contre petentees de Xiij pieches.*

53 Le conte DE BLOIS : *de gheulles a trois paulx de vers, verres a un chief dor.*

54 Le conte DARTOIS : *de France a ung lambeau de gheulles a trois pieces et sur chacune trois chastiaux dor.*

55 Le conte DESTAMPES : *de France a ung baston copene de gheulles et dermines.*

56 Le conte DE RICEMONT : *derminez a trois lambeaux de gheulles et sur chacun trois lupars dor.*

57 Le conte DE SAINCT-POL : *dargent a ung lyon de gheulles, la Kaeuwe fourchee et croisye en soutoir et noee, ongles et couronne dor lampasse dazur.*

58 Le conte de Dammartin : *faissant de VI pieces dazur et dargent a une bordure de gheulles.*

59 Le conte de Chartres : *dargent a ij faisses de gheulles.*

60 Le conte dErminack. Esquartelles : *de gheulles au lyon dor a la bordure dor dentee et dargent au lyon de gheulles a keuwe fourchie.*

61 Le conte de Forest : *de gheulles au daulphin dor.*

62 Le conte de Magnie portoit : *de France a la bordure de gheulles et sur icelles lyons dor.*

63 Le conte de Pontieu : *d'or a iij bendes dazur et bordures de gheulles.*

64 Le conte de Rouchy : *dor a ung lyon dazur.*

65 Le conte de Toneere : *de gheulles a une bende dor.*

66 Le conte de Joingny : *dazur a ung aigle dor.* Alias : *de gheulles a ung aigle dargent.*

67 Le conte DE WAUDEMONT : *burle dargent et de sable.* Vaudemont

68 Le conte DAULPHIN : *dor a ung daulphin dazur esquartellez des armes de Champaigne.*

69 Le conte DE BOULONGNE : *dor a ung confanon de gheulle frinchie de sinophe.* Boulogne

70 Le conte DE FOIZ. Escartellez dArragon : *dor a iiij paux de gheulles.* Et de Foiz : *dor a ij vaches de gheulles, lune sur laultre et a chacune ung coletz dor et une clocquette.* Foix

71 Le conte DE COMMIGES : *de gheulles a iiij amandes anïllees dargent en sautoir.* Comminges

72 Le conte DE LESKERAC : *esquartelle dor et de gheulles.* Astarac

73 Le conte DE DALLEBRECH : *de gheulles esquartelleez de France.* Albret

74 Le conte DE VREUX : *eschecquettes dor et dazur a une bordure de gheulles.* Dreux

75 Le conte DE PERIGORT : *de gheulles a iij lyons dor.* Perigord

Le conte DE VENADOR : *dor eschequette......?*

Le conte DE NASSAU : *dasure au lyon dor billette dor.*

Le conte DE LUXEMBOURG : *burle dargent et dasur au lyon de gheulles couronne dor.* Crie : LUXEMBOURG !

Le Seigneur DE RODEMACH : *faisse dor et dazur de VI pieces.*

Les Armes DE LUXEMBOURG : *dor au lyon de gheulles a Keuwe fourchie, croisie et couronne dor.* Et les portoit Louis de Luxembourg, conte de Sainct-Pol.

Le duc DE CLEVES. iiij parti en pale de Cleves et de Marke. Pour Cleves : *de gheulles a lescarboucle dor florette et faulx escuchon dargent.* Pour le Marque : *dor a la faiche eschequette dor et de gheulles.*

Le conte DE SALINES : *dor a iij saumons de gheulles.*

Le conte DE SANSOIRES : *dazur a la bende dargent a ij fresiaulx dor potenteez.*

84 Le conte DE SALUBRUCHE : *dazur au lyon dargent a croisettes dor Recroisetees et fichees.*

85 Le conte DE PENNEBROUCK : *esquarteles......?*

Les Seigneurs Franchois premierement.

86 **Le Roy de Franche** : *dazur a iij fleurs de lys dor*. Crie : MON JOYE SAINCT-DENIS !

87 Le conte DE DAMMARTIN. Cy devant trouverez ses armes.

88 Le conte DE MELUN : *dazur a VII bessans et au chief dor et les porte le Seigneur* dAntoing.

89 Le conte DE VREULX : *eschecquette*. Cy devant le trouverez.

Trie — 90 Le seigneur DE TRYE : *dor a le bende dazur*. Crie : BOULONGNE !

Montmorency — 91 Le seigneur DE MEMORENSY : *dor a le croix de gheulles et XVI aiglettes dazur*. Crye : DIEU AIDE AU PREMIER CHRESTIEN !

Raisny — 92 Le seigneur DE ROUY : *dor a deux faisses de gheulles.*

Chartres (vidame) — 93 Le vidame DE CHARTRES : *dor a deux faisses de sable a bordure de melettes dor.*

Beaumont — 94 Le seigneur DE BEAUMONT : *geronnez de vij pieces dargent et de gheulles.*

95 Le seigneur DARGENTEUL : *dazur a VI aigles dargent.*

96 Le seigneur DE LA FERRETTE : *de gheulles au luppart dor passant, billette dor.*

Maubuisson — 97 Le seigneur de MABUISSON : *dargent a chief de chable et le moulette dor.*

98 Le seigneur DE GANNAY : *dazur a VI aniaulx dor.*

Montigny — 99 Le seigneur DE MONTIGNY : *dor a lescuchon de gheulles et bordure de cocquilles dazur.*

100 Le seigneur dAussy : *dor a V bastons de sable.*

101 Le seigneur de la Roche : *dor a V bastons dazur.* la Roche guyon.

102 Le seigneur de Viespont : *dor a V aniaulx de gheulles.* Vieuxpont

103 Le seigneur Dannay : *dor au chief de gheulles.* aunay

104 Le seigneur de Sainct-Cler : *dazur a la bende dargent.* S' clair

105 Le seigneur de Tignouille : *de gheulles a X Rictes* Tignonville
dor seans en palle.

106 Le seigneur dYvry . . . . . . ? *a trois kiuevrons de* Ivry
gheulles.

107 Le seigneur de Villers : *dor au chief dazur* Villiers.
a une main derminez . . . . . ? allandam ? est l'ile adam.
longe pareillement.

108 Les armes de Senlys : *dazur a le croix*
dor ancree. Et crie : Senlys !

La noblesse de Normendie.

109 **Les** anchiennes armes DE NORMENDIE furent : *dargent a iij levres de porcq senglez de sable.* Depuis : *de gheulles a ij luppars dor passans lun sur lautre* et viendront de champaigne. Depuis : *de France a bordure de gheulles* et furent les armes DE CHARLES conte DE VALLOIS.

110 Les armes de la conte DEU : *dazur au lyon dor billette.*

111 Depuis le conte DEU a porte : *de France a iij lambeaux de gheulles et sur chacun iij chastiaux dor.* Furent les armes DARTOIS, venant de ROBERT PREMIER, conte DARTOIS, frere de Monseigneur SAINCT LOYS.

112 Le conte DE HARCOURT : *de gheulles a ij faisses dor.* Crie : HARCOURT !

113 Le conte DE TANTRAVUILLE : *de gheulles a lescuchon dargent et bordure de fleurs de merlier dor.* Crie son nom.

114 Le seigneur DESTONTEUILLE : *burlez dargent et de gheulles.* Dessus : *ung lyon de sable onglez dor.* Crie son nom.

115 Les armes DE PRANANS : *de gheulles a laigle dor membres de senez.* Crie son non. Preaulx

116 Le seigneur DE SAINCT-MARTIN : *dor a X billettes de gheulles.* Saint Martin le gaillard

117 Le seigneur DE CLEER : *dargent a la face dazur engrellee.* Clères

118 Le seigneur DE LA RIVIERE : *dc sable a bende dargent.* la Rivière Hauffey

119 Le seigneur DF FERRIERES : *de gheulles a lescuchon dargent a la bordure de fers de cevaulx dor.* Ferrières.

120 Les armes de la contee DE BIAUMONT : *losengie dor et dazur.*

121 Le seigneur DE TONNEUILLE : *dor au lyon de gheulles, engoullee dargent.* Tonneville

Rouvray

122 Le seigneur DE ROUVROIT : *burle dor et dazur au lyon de gheulles.*

Bailleul

123 Les armes DE BAILLŒUL : *de gheulles a le croix dargent ancree a croisettes dargent Recroisettes.*

124 Le seigneur DE BATTREVILLE : *dor a iij marteaux de gheulles fendus derriere a maniere de Roch.*

Ferte Fresnel

125 Le seigneur DE LA FRETTE : *dor a laigle de gheulles membrez de sonnais.*

Mortemer

126 Le seigneur DE MORTMEEER : *faissez dor et de sinople, florette de lung en laultre au baston de gheulles.*

127 Le seigneur DE FERIERES : *Telz a la faisse frettez dor.*

Betzencourt

128 Le seigneur DE BETENCOURT : *dargent au lyon de sable.*

Monceau.

129 Les armes DE MONCEAULX : *dargent a la croix de gheulles ancree.*

130 Le seigneur DE VILLERS : *faisse dor et dazur.*

131 Le seigneur DE MANEUILLE : *de gheulles a laigle dargent membre dor.*

132 Le seigneur DE PIERSY : *de sable au cief dor dentez.*

133 Le seigneur DE ROCHEFORT : *dargent a iij fleurs de lys de gheulles.*

134 Le seigneur DE TILLY : *dor a une fleur de lys de gheulles.*

135 Le seigneur DE MILLY : *de gheulles a lescuchon dargent, a le bordure de formans dor.*

136 Le seigneur DU PONT-SAINCTE-MACENSE : *dor a iij jumelles de gheulles.*

137 Le seigneur DE HERCOURT : *dazur au cief dor au kievron de gheulles.*

138 Le seigneur DE COUAM : *dazur a la croix dargent.*

139 Le seigneur DE HAULTEMER : *ondez dor et dazur.*

140 Le seigneur DE FONTAINES : *de gheulles a X billettes dor.*

141 Le seigneur DE GRANTVILLE : *dazur a la faisse dargent a croisettes dor.*

142 Le seigneur DE FORGNES : *dazur a VI besans dor au chief dargent.*

143 Les seigneur DE THIONVILLE : *dargent a ij bendes de gheulles a le bordure de cottrilles de gheulles.*

144 Le seigneur ESSAR : *de guoelles au trieuroy dor.*

145 Le seigneur DE GAMACHES : *dargent au chief dazur au baston de guoculles.*

146 Le seigneur DE HABIC : *dor a ij faisses dazur a la bordure de merlette de gheulles.*

Pohiers.

147 Le seigneur DE PIETRYNY : *faisse dargent et dazur a la bordure de gheulles.*
Crie : BOULONGNE !

Les armes D'ARAINES : *dargent a iij faisses de gheulles.*

Le seigneur DE . . . . ? : *faissiez dermines et de sinople.*

Le seigneur DE BOURBERCH : *dargent a iij escuchons de gheulles.*

Le seigneur DE PONT DE REMY : *de goeulles au chief dargent.*

Le seigneur DE CARBONNEL : *faisse de Viij pieches dor et de gheulles*

Le seigneur DE CORROY : *telz armes le goeulles frettez en sautoir.*

Le seigneur DE POYS : *de gheulles a la bende dargent a croisettes Recroisettees dargent.*

Le seigneur DE BRIMEU : *dargent a iij aigles de gheulles, membreez dazur.*

Le seigneur DE FRICOURT, viconte DANS : *dargent a VII losenges de sable.*

Le seigneur DE CAISNOY : *dor a laigle de sable.*

Le seigneur DE MENRICOURT : *dargent a iij mailles de gheulles.* Ceux de Croy : *esquartelleez des armes dAraines et de Renty a iij doloires de gheulles.* Crie : ARAINES !

Le seigneur DE CREQUY : *dor au crequier de gheulles.*

Le seigneur DE LONGVILLERS : *dor a le croix de gheulles ancree.* Crie son nom.

161 Les anchiennes armes DE BEAUVAEL : *eschecquette dor et dazur.*

162 Le seigneur DE BEAUVAEL : *dargent a le faisse de gheulles wivree.*

163 Le seigneur DE SAUCUSE : *de gheulles a le bende dor. a VI billettes dor.*

164 Le seigneur DE RIVRY : . . . . . . ? *a iij peulx de vair au quartier dor.*

165 Le seigneur DE SAINCT-SANLIEN : *dazur a le croix dor, a croisettes dor Recroisettees.* Crie : BOULONGNE !

166 Le seigneur DHAUSSY : *de gheulles au lyon dor.*

167 Le seigneur DE VILLERS : *dargent a ij glanes de sable en sautoir enferrees de gheulles a croisettes de sable Recroisettees.*

168 Le seigneur DE MONCAURE : *de gheulles a iij quintefoeulles dor et au cief dor.*

169 Le seigneur DE MAUREUL : *dazur au cief dor, au lyon de gheulles passant au cief au premier quartier.*

170 Le seigneur JUREM̃ ? : *dargent a iij eschuchons de sable.*

171 Le seigneur DE BESLOY : *dargent a iij cocquilles de gheulles.*

172 Le seigneur DE NOEUFVILLE : *dargent au sautoir de gheulles.*

173 Huon KIERET : *dargent a iij fleurs de lys de gheulles sur ung pied quarre.*

174 Le seigneur BOULAMBERS : *darainnes au lambiel dazur.*

175 Le seigneur DE RAMBURES : *dor a ij faisses de gheulles a lescuchon . . . .* ? Rambures

Corbyoys.

176 Le seigneur DE SAUCOURT : *dargent frette de gheulles.*

177 Le seigneur DE HEN : *de gheulles a le bende dor fuselee.*

178 Les droictes armes DE MAILLY : *dor a iij mailles de sinople.* Crie son nom. Mailly

179 Item DE MAILLY : *dor a iij mailles de gheulles.* Mailly

180 Le seigneur DAUBEGNY : *dargent a le faisse de gheulles a iij besans dor.* Crie son non. Aubigny

181 Le seigneur DE LONGHEVAL : *bendes de gheulles et de vair.* Longueval

182 Le seigneur DE VILLERS : *dargent a iij lyons de gheulles.* Villers Bretonneux

183 Le seigneur DE VARENNES : *de gheulles a le croix dor.* Varennes

184 Le seigneur DE RUBENPRET : *dargent a iij jumelles de gheulles.* Rubempré

185 Le seigneur DE FOULLON : *dargent a trois lyons de sable couronne dor.* Foulloy

Dours

186 Les armes DE DOURS : *dazur au chief dargent.*
Crie son nom.

Ancre

187 Le seigneur DENCRE : *ongle dargent et de gheulles a le bende de gheulles.*

Loques

188 Le seigneur DE LETRES : *dargent a le faisse de gheulles.*
Crie : BETHUNE !..

Miraumont

189 Le seigneur DE MIRAUMONT : *dargent a VI tourteaux de gheulles.*

190 Le seigneur DE CAGIS : *vairie dor et de gheulles.*

Bonsincourt.

191 Le seigneur DE BONSICOURT : *de sinople a le faisse dor a moulette dargent.*

192 Le seigneur DE WANDECOURT : *dargent au lyon de gheulles trefles dazur.*

Beauvoisins.

193 Le viconte DE BRETEUL : *dor a le croix dazur.*

194 Le seigneur DE MON : *dor au sautoir de gheulles a iiij mellettes de gheulles.*

195 Le seigneur DE CRIEVECŒUR : *de gheulles a iij kievrons dor.*

196 Le seigneur DE MONTINGNY : *dargent a le croix de gheulles, a cincq cocquilles dor.*

197 Le seigneur DARGIES : *dor a le bordure de merlettes de gheulles.*

198 Le seigneur DE MILLY : *de sable au chief dargent.*

199 Le seigneur DE LA TOURNELLE : *dor a V tournelles de sable.*

200 Le seigneur DE MORLAMMES : *dor a le bende degheulles, a le bordure de merlettes de gheulles.*

201 Le seigneur DE GRANCOURT : *dermines a ij bars de gheulles.* Crie CLEREMONT !

202 Le seigneur DE FRANCHIERES : *dargent a le bende de sable.*

203 Le seigneur DE VILLERS : *telles a iij fleurs dor.*

204 Le seigneur DE MALEPART : *dargent a V tournelles de gheulles.*

205 Le seigneur DESPINEUSE : *dermine a lescuchon de gheulles.*

Houdainville

206 Le seigneur DE HONDAVILLE : *de Rourcilles a le croix de sable dentee.*

Hardencourt

207 Le seigneur DE HARDENCOURT : *de Franchieres a iij cocquilles* . . . . ?

208 Le seigneur DANSAY : *dArgies au baston dazur.*

Ronquerolles

209 Le seigneur DE ROURCILLES : *de gheulles papelonne dargent.*

Vermendisiens.

Les armes au conte de Vermendois furent : *eschecquettes dor et dazur*. Et crient : Vendeul au conte de Vermendois !

Les armes de la conte de Vermendois : *dor au lyon de gheulles*.

Les armes de la conte de Soisson : *dor au lyon de gueulles passans a la bordure de gheulles*.

Les armes de la conte de Roussy : *dor au lyon dazur*.

Le seigneur de Couchy : *faisse de VI pieches de vair et de gheulles*.

Le seigneur de Pignoy : *telz armes au quartier dor*.

Le seigneur de Moureul : *de France au demy lyon naissant*.

Le seigneur de Hanghes : *dor a le croix de gheulles*.

Le seigneur de Flam : *dermines a le croix de gheulles, a V cocquilles dor*. Et crie : Hanges !

Le seigneur de Roye : *de gheulles a le bende dargent*.

Les armes de Mengny : *dor a X lozenges de gueulles en pele*. Crient leur nom.

221 Le seigneur DE CANNY : *telz a lambiel dazur.*

222 Le seigneur DE CLARY : *dargent a le faisse dazur.*

223 Le seigneur DE SOREL : *de gheulles a deux lupars dargent.*

224 Le seigneur DE MURES : *dor a le faisse dazur.*

225 Le seigneur DE LAGNICOURT : *dazur a ij lupars dargent passant.*

226 Le seigneur DE HEM : *dor a iij croissans de gheulles.*

227 Le seigneur DE BAZENTIN : *dazur semez de fleurs de lys dor.*

228 Les armes DE BIELLE que porte le seigneur DAUSEMONT : *de gheulles a ij barres adossse dor triflie dor.*

229 Le seigneur DE MOY : *de gheulles fretes dor.* Crie: JEHUS !

230 Le seigneur DE RIBEMONT : *telz au quartier dor, au lyon de sable.*

231 Le seigneur DE LAON : seigneur DE CLAISSY : *eschecquette dargent et dazur a iij peulx de gheulles, et au chief dor.*

232 Le seigneur DE CYPOIS : *dargent a V tournelles de gueulles.*

233 Le seigneur DE FOLLOY : *dor a lescuchon de gheulles.*

234 Les armes DE FALLEM : *burle dargent et dazur a lyon de gheulles comme dor.*

235 Le seigneur DE TORROTE : *de gheulles au lyon dor.*

236 Le seigneur DE CHIERNE : *eschecquette dargent et dazur a lespee de gheulles en bende.*

237 Le seigneur DE SAMS : *de gheulles au chief eschecquette dargent et dazur.*

238 Le seigneur DE BOSTRIAUX : *de sable a le bende a iij cocquilles de gheulles.*

239 Le seigneur DU SARTH : *dor a lescuchon de gheulles au baston coppeez dargent et de gueulles.*

240 Le seigneur DESPENGNY : *dor a le bende de gheulles a iij besans dor.*

241 Le seigneur DE CRECI : *de sable a bende dargent.*

242 Le seigneur DE FONTAINES : *dargent a V tournelles de sable.*

243 Le seigneur DE CAMPERAY : *dargent a le bende de gheulles et V mellettes de gheulles.*

244 Le seigneur DE HAPLINCOURT : *dazur a le croix dargent a V croissans de gheulles.* Crie : BOUSIES !

245 Le seigneur DE HAPENCOURT : *dor a lescuchon de gheulles.* Crie : FOILLY !

246 Le seigneur DE FRESSENCOURT : *de Creci a iij mollettes de gheulles percies.*

247 Le seigneur DE HONDENCOURT : *de gheulles a le croix dargent, a V cocquilles dazur.* Crie : HANGHET !

248 Le seigneur DE TILOY : *dargent a le bende de sable lozengie.*

249 Le seigneur DE FOLLEVILLE : *de Canny le lambiel frette dargent.* Crie : MENGNY !

250 Le seigneur DE MOURCOURT : *de Royes a iij cocquilles de sable.*

251 Le seigneur DE SAINCT-MARTIN : *dargent a le croix de gheulles ancree.* Crie : ESTRENCOURT !

252 Le seigneur DESTRENCOURT : *telz a V cocquilles dor.* Crie son nom.

253 Le seigneur DE HUMELLES : *bendes dargent et de gheulles.*

254 Le seigneur DE HARDENCOURT : *dor a V tournelles dazur.*

255 Le seigneur DE SAILLY : *dor au lyon de gheulles.*

256 Le seigneur DE MANCOURT : *dor a X losenges de sable en pal.* Crie : MENGNY !

257 Le seigneur DE PROISSY : *de sable a iij lyons dargent.*

258 Le seigneur DE BENTENCOURT : *dor a X mellettes de gheulles, au lambiel dazur.*

259 Le seigneur DE MOUSURES : *dargent a le croix de sable a V fresiaux.*

260 Le seigneur DE MONCHEAU : *eschecquette dargent et dazur, a le faisse de gheulles.*

261 Celuy DESTREE : *de Moy a lioncel dargent,* Estrées
la premiere losenghe . . . . ?

262 Le seigneur DE GHOY : *de Walancourt a le bordure* Gouy
de chable dentee.

263 Le seigneur DE MONTIGNY : *de sable a V tournelles* Montigny
dor.

264 Le seigneur DE ROUVROY : (Alias : SAINCT-SIMON) : *de sable* Rouvroy
a la croix dargent, a V cocquilles de gheulles
sur la croix.

265 Le seigneur DU SOURDON : *dargent a la croix de sable* Sourdon
fretee dor, venant en la croix en sautoir.

266 Le seigneur DE PAILLART : *telz frete venant en croix* Paillart
en losenghe.

Artisiens.

267 **Les armes** de la contee dArtois : *de France au lambiel de gheulles, chastellet dor.*

268 Les armes de la conte de Sainct-Pol : *de chastellon au lambiel dazur.*

269 **Le conte de Sainct-Pol** : *les armes de Lembourg.*

270 **Le conte** de Boullongne : *dor au confanon de gheulles, fringye de sinople.* Crie son nom.

271 Le seigneur de Fiennes : *dargent au lyon de sable.*

272 Le seigneur de Ralincourt : *de Castellon a ij lyons de sable passans. Jouans de la patte sur le cief.*

273 Le seigneur de Collemberch : *telz au lambiel de gheulles.*

274 Le seigneur de Heuchin : *de Fienes billette de sable*

275 Les armes de Ralincourt : *dargent a iij mailles de gheulles.* Crie : Mailly !

276 Le seigneur de Medon : *dor a iij mailles dazur.* Crie : Mailly !

277 Les armes de Bethune : *dargent a le fache de gheulles.* Crie son nom.

278 Le seigneur dOllehain : *(dargent) a iij tourteaux de gheulles.* A present le seigneur dEstambourg.

279 Les armes DE LIKES : *bendes dargent et dazur.* Lieques
Crie son nom. Les porte le seigneur DE DODREHEM.

280 Le seigneur DE LICRE : *dargent a ij bendes de sable* Liere
a le bordure de gheulles dentee.

281 Le seigneur DE LE TIEULOYE : *de gheulles au lyon* la Thieuloye
dermines.

282 Le seigneur DE TRESACKES : *dazur a iij tierches* Crésecques
dor, au chief dor.

283 Le seigneur DE RENTY : *dargent a iij doloires de gheulles.* Renty

284 Le seigneur DE HARCHINCOURT : *dermine au chief de* Achicourt
gheulles.

285 Le seigneur DE CROISILLE : *de gheulles a X losenghes* Croisilles
dor en pel. Crie son nom.

286 Le seigneur DE FOSSEULX : *de gheulles a iij jumelles* Fosseux
dargent.

287 Le seigneur DE WILERVAL : *vairye dargent et de gheulles.* Willerval

288 Le seigneur DE WENCOURT : *dor fretez de gheulles.* Wancourt
Crie son nom.

289 Les armes DE HAMLINCOURT : *telz a le merlette* Hamelaincourt
de sable.

290 Le seigneur DE NŒUFVILLE : *dor frete (de) gueulles, au* Neufville
quartier de gueulles.

291 Le seigneur DE VILLERS : *de sable a X losenghes dor en pale.*

292 Le seigneur DE CAUMONT : *de gheulles a iij mellettes dor a croisettes dor recroisettes.*

293 Le seigneur DAVELIN, porte : DE WALAINCOURT.

294 Le seigneur DE SAINCT-VENANT *de Wavrin au lambiel de gheulles.*

295 Le seigneur DARLI : *de gheulles au cief eschecquettes dargent et dazur.*

296 Le seigneur DE RELICOURT : *dazur a iij jumelles dargent.*

297 Le seigneur DE BAILLŒUL : *dargent bende de gheulles.*

298 Le seigneur DE MAINGOVAEL : *telz au lambiel dazur.*

299 Le seigneur DE CAUMAISNIL : *geronne de viij pieces dor et de gheulles.*

300 Le seigneur DE BONCOURT : *dargent a le bende de sable*
losenghie. Le dict mesme : *dazur a lescuchon*
301 *dargent a le bordure de merllettes dargent.*
Crie : WAVRIN !

302 Le seigneur DE NOIELLE : *de sable a iij estoilles dargent.*

303 Le seigneur DE BIAUMETZ : *de sable au lyon dor.*

304 Le seigneur DAGHENCOURT : *dargent a laigle de gheulles membres dazur.*

Le seigneur DE HAPLAINCOURT : *dargent a le croix de sinople ancrez, a le moullette dor.*

Le seigneur de HABBAERT : *bouclez dargent et dazur.*

Le seigneur DE VIESVILLE : *telz armes sur le cief iij aigniaux de gheulles.*

Le seigneur DE LA CAUCHIE : *dargent frette de sable au quartier de gheulles.*

Le seigneur DE SOUASTRE : *de sinople frette dargent.*

Le seigneur DE HUMIERES : *dargent, fretez de sable au lambiel de gheulles.*

Le seigneur DE WICLOT : *dargent au chief de gheulles au baston de sable.*

Le seigneur DE BOURS : *de gheulles a le croix dor.*

Le seigneur DE COHEM : *eschecqueste dargent et dazur au chief dor au demy lyon de gheulles.*

Le seigneur DE LE NŒUFVILLE : *dermine a lescuchon de gheulles.*

Le seigneur DE HULLUS : *esquartellez dor et de gheulles.*

Le seigneur DE LANNOY : *eschecquette dazur.*

Le seigneur DE WAREGNIES : *de gheulles a trois kievrons dargent.*

318 Le seigneur DINCHY : (*faisse*) *dor et de chable a le bordure de gheulles.*

319 Le seigneur DE NORCARNE : *dor a la bende de gheulles a iij cocquilles dargent.*

320 Le seigneur DE MONCAURECX : *de gheulles a iij quintes foeulles dor au cief dor.*

321 Les armes DE NOIENCH : *dor a ij bastons de sable.* Crie son nom, et les porte le seigneur DE RONCH.

Flamens.

322 **Les armes de Flandres** : *dor au lyon de sable.* Crie son nom.

323 **Les armes** DE GAVRES : *dor au trancoir de sinople double florette.* Crie : GAVERE AU CHAPELETTE !

324 Depuis les armes DE GAVRES : *de gheulles a iij lions dargent couronne dor.*

325 Depuis les armes ROLLAND : *dor au lyon de gheulles couronne dazur bordure de sable dentee.*

326 Le seigneur DE LIEDEKERCKE : *de gheulles a iij lyons dor couronne dor.* Crie : GAVERE AU CHAPPELLET !

327 Le seigneur DE WAVRIN : *dazur a lescuchon dargent.* Crie : WAVRIN MAINS QUE LE PAS !

328 Le seigneur DE HOSCOTE : *dermine a le bende de gheulles a iij cocquilles dor sur la bende.*

329 **Les armes** DAUDENARERDE : *faisse de gheulles et dor de VI pieces, lor en bas.*

330 Les armes DE BEVERES : *faisse de Viij pieces dor et dazur au sautoir de gheulles.*

331 Le seigneur DE RASSEGHIEN : *geronne de dix pieches dor et de gheulles a croisette dargent sur le gheulles Recroisettees.*

332 Le seigneur DE GHISTELE : *de gheulles a kievron derminez*. Crie son nom.

333 Le seigneur DE WOUSTINE : *telz a iij croisettes dargent*. Crie GHISTELE !

334 Le seigneur DE MORTAINGNE : *dor a la croix de gheulles*. Crie : TOURNAY.

335 Le seigneur DESCORNAY : *dor au tranchoir de sinople doule florete a kievron de gheulles*.

336 Le seigneur DE DEYNNE : *dargent a la bordure de gheulles, la croix dazur florete*.

337 Le seigneur DE LANNOY : *dor a iij lyons de sinople courronne et ongles dor langues de gheulles*.

338 Le seigneur DE PRAET : *dor au sautoir de gheulles*. Crie : PRAET !

339 Les armes DE SISOING : *bendez dor et dazur*.

340 STEENHUYZE : *telz a la bordure de gheulles*.

341 Le Seigneur DE HAVERSKEKE : *dor a le faisse de gheulles*.

342 Le Seigneur DE MALDEGHEM : *dor a la croix de gheulles a bordure de merlettes de gheulles*.

343 Le seigneur DE HALEWIN : *dor a iiij lyons de sable, couronne dor*. Crie son nom.

344 Les armes dAyshove : *de gheulles a lyon dor.* Ayshove

345 Les armes de Nivelle : *dor a le croix de gheulles.* Crie : Tournai ! Nevele [Mortagne]

346 Le seigneur de Vichten : *dor frete de sable.* la Vichte

347 Les armes de Bourville *dargent au cief de gheulles* Bourghelles

348 Le seigneur dAcxele : *dor au kievron de gheulles.* Axel

349 Le seigneur de Pouckes : *dor au lyon de sable passant.* Pouques

350 Le Seigneur dEspieres : *de gheulles a le croix dargent.* Crie : Tournay ! Espiere [Mortagne]

351 Le seigneur de Rume : *dor a le faisse de sable.* Rumes

352 Le seigneur de Roubais : *dermine au cief de gheulles.* Crie : Bourgaille ! Roubaix

353 Le seigneur de le Wale : *de gheulles a X losenghe dor percies seans en pale.* le Walle

354 Le seigneur dAigemont : *de gheulles a la faisse dermine.* Aigremont

355 Le seigneur du Bos : *dargent au lyon de sable, a le bordure de gheulles.* Bois

356 Le seigneur DE LYS : *de vair au chief de gheulles.*

357 Les armes DE COCKELARE : *dazur a iij besans dargent.*

358 Celles DE STRAETEM : *de gheulles a iij espees dargent en bende, les pumiaulx et hens dor.*

359 Le seigneur DE YSGHEM : *dargent a le croix de sable a le bordure de merlettes de sable.*
Crie : MALDEGHEM !

360 Le seigneur DE AVELGHEM : *dor a iij bendes de gheulles, au bordure dargent.* Et crie : AUDENARDE !

361 Le seigneur DE MORSLEDE : *dor a deux bendes de gheulles.*

362 Le seigneur DE BAILLŒUL : *de gheulles au sautoir de vair.*

363 Le seigneur DE MUNGHIEN : *dor a iiij kievrons de gheulles.* Crie : COURTRAY !

364 Le seigneur DE HEULLE : *dor au chief de gheulles a iij peulx dor.*

365 Le seigneur DE LICHTERVELDE : *dazur au chief dermines.* Crie son nom.

366 Le seigneur DE BRUGDAMME : *de sable a le faisse partie dargent et de gheulles endentez lung en laultre.*

367 Le seigneur DE BOEFREMEZ : *dor a Vij roses de gheulles, au quartier de Wavrin.*

368 Le seigneur DE HOWARDRYE : *dAishove au lambiel dazur.*

369 Le seigneur DE LANDAS, parti : *dor et de gheulles endente de X pieces lung en laultre.* Crie son nom.

370 Le seigneur DE SANNOY, parti *dor et dazur endenté de X pieces comme Landas :* Crie : LANDAS !

371 Le seigneur DE LANAIS, parti : *dor et de sable endente de X pieces comme dessus.* Crie : LANDAS !

372 Le seigneur DE HAISHOVE : *dor au lyon de gheulles couronne dozur a lestoillette dor en lespaulle borde et dentes de sable.*

373 Le seigneur DE DRINCHEM, eschecquette : *dor et dazur a le bordure de gheulles.*

374 Le seigneur DE MOURKERCKE : *de Praet a V cocquilles dargent.*

375 Le seigneur DE WENDIN : *dor a l'escuchon de gheulles au lambiel de sinople.*

376 Le seigneur DE WASTINE : *dor a le bordure de sable dentes.*

la Motte 377 Le seigneur DE LA MOTTE : *vairie dor et dazur.*

Leeuwerghem 378 Le seigneur DE LEURENGHEM : de Raiseghem ***a le fleur de lis de sinople.***

Calonne 379 Le seigneur DE CALONNE : *dermines au luparet de gheulles passant.*

Fresnoit 380 Le seigneur DU FRESNOIT : *dor au sautoir de **gheulles.***

Croix 381 Le seigneur DE LA CROIX : *de sinople a le croix **dor.*** **Crie** : TOURNAY !

382 Le seigneur DE MARQUELIES : . . . *? a le faisse **dazur.***

S' Aubin 383 Le seigneur DE SAINCT-AUBIN : *dor au chief de **gheulles.***

Comines [dite] 384 Le seigneur DE COMMINES : *de gheulles au **kievron dor** a trois cocquilles dargent, et l'escu bordez dor.*

Gruuthuse 385 Le seigneur DE LA GRUNEHUYZE : *esquartele **dor a le** croix de sable **et** de gheulles au sautoir dor.* Crie : GRIMBERGHE !

Regarsvliet 386 Le seigneur DE REGHEWRETE : *dazur a la croix **dargent** dentee.*

Putte 387 Le seigneur DE PUTHEM : *dargent a deux roses de de gheulles, au quartier de gheulles.*

Dixmude 388 Les armes DE DIXMUDES : *faissez de Viij pieces dor et dazur et pardessus ung sautoir gheulles.*

389 Le seigneur DE RASSE : *dor a la faisse dazur.*

390 Le seigneur DE HEM : *de Robais a le merlette dor sur le chief.*

391 Le seigneur DE MOESLEDE : *de gheulles au mores de cevaulx dargent.*

392 Sire DE RENCY : *de gheulles a l'aigle dargent a une teste.*

393 Sire JEHAM BORNAGE : *faisse de VI pieches dor et de gheulles. Le gheulles fretez dargent.*

394 Sire WAUTIER VAN VOERHOENT : *dor a la faisse dazur et pardessus ung sautoir de gheulles dentez.*

395 Ceulx DE HANHEEL : *de gheulles a V fusees dor en faisses.*

396 Le seigneur DAMWAIN BRUNEMAELE : *dor au cheveron de gheulles a iij cocquilles dor.*

397 Sire HENRRY SPOORCT : *de sable a VI moulletes dor, a bordure coponee dargent et de gheulles*

398 Les armes DY ROKENGHIEN : *dor a la croix de gheulles et double tranchoir florette de sinople.* Crie : CAVERE !

399 Les armes DN LE MOTE : *dor a iij hamendes de sable.*

400 Les armes DE MAERTRE : *de gheulles a lyon dor, couronne dor, la keuwe fourchye en sautoir.* Crie : LEMBORG !

401 Les armes DE LUMMINES : *telz a le bordure dazur dentes.*

402 Les armes DE LE MOEREN : *de sable a chief dor et lescuchon d'Axele.*

403 Le seigneur DU FRESNOY : *de sinople a lescuchon dor et les porte aussi le seigneur* DE LEAUCOURT.

404 Les armes DE HERZEELE : *dor a kievron de gheulles.*

405 Le viconte DE FURNES : *dor a le bende de gheulles fuselee.*

406 Les armes DE WARCOING : *dor a la croix de gheulles engreslee.*

407 Les armes DE POTH : *dor a le croix de gheulles.*

408 Le seigneur DE BOULERS : *dor a la croix de gheulles et sur la croix ung escuchon dor, et dedens lescuchon ung aultre escuchon de gheulles.*

409 Le seigneur DE HELSEGHEM porte : *dor a le croix de gheulles florette de sinople,* qui se disoit : ROKEGHEM KEERKOM *au chyne molette dargent.*

410 Le seigneur DE NORKE dict le seigneur DADENARCHE porte : *dor a trois bendes de gheulles a la croix de sinople en sautoir.*

411 Le seigneur de Dyt Schietcatte porte : *de Gand et de Boulaer*, car Gand est escu : *dor au chapeau de sinople*, et Boulaer : *dor au escuchon de gheulles*. Ainssy il porte : *dor au chapeau de sinope dedens lescuchon de gheulles le chappelet flore.*

412 Le seigneur de Braquel : *Viij pieches dargent et de gheulles en faisses.*

413 Leas de Calbelans : *deux caubelans dargent en champ de gheulles.* Sire de Muten.

414 Les armes (de) Jeheam seigneur dAudenaerde *(dargent et de gueulles) a la bordure de sable endentez.*

415 Les armes dEllst sont : *dAudenaerde a la bordure de sable engrelee, sautoir de sinople flore.*

416 Les armes de Hastebracq : *dEyne a la escu dargent a la bordure de gheulles, la croix dazur, la bordure endentee.*

417 Les armes (de) Horebeke : *dEscorneet* et fust seigneur du lieu.

418 Les armes de Horoore : *dAudenarde a la bordure de sable endenthe* est luy vendit a labbe de Haverinc.

Brabanchons.

419 **Les armes de Brabant** : *de sable au lyon dor arme de gheulles.* Crie : LOUVAIN AU RICHE DUC.

420 Les armes DE MALINES : *dor a iij peulx de gheulles.* Crie son nom.

421 Le seigneur DE DUFFELE : *telz armes au quartier dermines.*

422 Le seigneur DE GRIMBERGHE : *dor a la faisse dazur au sautoir de gheulles.* Crie son nom.

423 Le seigneur DE WEZEMALLE : *de gheulles a iij fleurs de lys a piedz coppes.* Crie son nom.

424 Le seigneur DE ROESLARE : *dargent a trois fleurs de lys de gheulles a piez coppes.* Crie son nom.

425 Le seigneur DE WARSELAIRE : *telz armes au lambiel dazur.*

426 Les armes DE KUCH : *dor a ij faisses de gheulles a la bordure de merlettes de gheulles.* Crie son nom.

427 Les armes DE SOMBRECHT : *dor a la faisse de gheulles a iij merlettes de gheulles au chief.*

428 Le seigneur DE MORBAIS : *dor a la faisse de gheulles a iij merlettes de gheulles au chief.* Crie son nom.

429 Le seigneur DE LEEFDAELE : *dor a ij roses de gheulles a ij quartiers de gheulles a laigle dor.*

430 Les armes de Horne : *dors a trois cors de gheulles loies dargent.*

431 Le seigneur de Halle : *de gheulles a lyon dor couronne dazur.* Crie : Mirabel !

432 Les armes de Bautersem : *de sinople a iij Rulles macles dor perchies au chief de Malines.* Crie son nom.

433 Les armes de Walhem : *dor a l'escuchon de sinople, au baston de gheulles a iij coppons dargent.*

434 Le seigneur de Petresem : *de gheulles a lyon dor a la keuwe fourchie el croysie.* Crie son nom.

435 Les armes de Gaesbeke : *de sable au lyon dor couronne dor.* Et crie : Louvain !

436 Les armes de Bellare : *dor a iij peulz de gheulles.*

437 Les armes de Diest : *dor a ij faisses de sable.* Crie . . . ?

438 Le seigneur de Bierbeke : *dor a ij faisses de gheulles.*

439 Les seigneurs de La Rivière : *dargent a iij fleurs de lys de sable a pieds coppes.*

440 Le seigneur de Crupelant : *dargent a iij quinte foeulle de gheulles.*

441 Le seigneur dAke : *dargent a le faisse dazur au sautoir de gheulles.* Crie : Grimberge !

442 Le seigneur de Herdoy : . . . ? *au lyon de gheulles.*

443 Le seigneur de Hamale : *dargent a la faisse de gheulles fuselee.* Crie son nom.

444 Le seigneur de Blise : *dermines a la faisse de gheulles.*

445 Le seigneur dUust ou dArs : *burle dargent et dazur au chief de gheulles dentee.*

446 Le seigneur de Bourgheval : *de vair au chief de gheulles.* Crie son nom.

447 Le seigneur dAntrine : *dargent a iij quintefoelles de gheulles.*

448 Le seigneur de Briessele: *dor a iij croissans de gheulles.*

449 Le seigneur de Pont : *dazur au chief dargent a iij martiaux de gheulles sur le chief.*

450 Le seigneur de Halsemberge : *dor a le faisse dazur, au demy lyon de gheulles.*

451 Le seigneur de Tourbe : *telz armes a le faisse fretee dargent.*

452 Le seigneur de Bouchont : *dor a le croix de gheulles.*

453 Le seigneur dAalst : *de gheulles au sautoir dargent.*

454 Le seigneur dArbais : *dor a le faisse de gheulles fretez dargent a iij merlettes de gheulles sur le chief.* Crie son nom.

455 Le seigneur de Tiepelees : *dargent a iij losenghes dazur perchiez.*

456 Le seigneur de Vilere : *dor a le faisse dazur au demy lyon de gheulles.*

457 Le seigneur VAN DER HEIDEN : *de Roeselare au quartier de Vilere.*

458 Le seigneur DE CRAYEBEN : *de gheulles a le croix dor a le merlette de sable.*

459 Le seigneur DE RAUSE : *dargent a iij peulz de gheulles au quartier de Louvain.*

460 Le sire DE BERGHES-SUR-LE-ZOOM : *de gheulles a iij faisses dargent.* A present porte : *de Bautersem au quartier de Brabant.*

Haynuyers.

461 **Les armes anchiennes** DE HAINAULT : *chevronnez dor et de sable.* Crient : HAINAULT !

462 Depuis Monseigneur JEHAM DAVESNES porte a : *dor a lyon de sable.* Criant : HAINAULT !

463 Le conte JEHAM DAVESNES en sa fin print les armes de son pere et de Hollande : *dor a quatres lyonceaulx. ij de sable et ij de gheulles.* Et cria : HAYNAULT !

464 Depuis : *esquartelet de Baviere et dessus dictes armes*, adcause du duc AUBERT DE BAVIERE.

Enghien 465 Le seigneur DENGHIEN : *geronne de X pieches dargent et de sable a croisettes dor Recroisette sur le sable*. Crie : ENGHIEN !

Antoing – Melun 466 Les armes DANTOING anchiennes : *de gheulles au lyon dargent*. A present le seigneur porte : *de melum ; dazur a VII besans au chief dor*.

Longueville 467 Le seigneur DE LONGEVILLE et DE WERCHIN, seneschal de Haynnault : *dazur au lyon dargent bilette dargent*. Crie : HAYNAULT !

Ligne 468 Le seigneur DE LINGNE : *dor a le bende de gheulles*. Crie son nom.

Lens 469 Les armes de LENS mortes estoient : *de gheulles a iij lyons dargent couronnes dor*.

Barbançon 470 Le seigneur DE BRABENCHON : *dargent a iij lyons de gheulles couronnes dor*. Crie son nom.

Berlaymont 471 Le seigneur DE BERLEMONT : *faisse de vair et de gheulles de VI pieches*. Crie son nom.

Fontaines 472 Le seigneur DE FONTAINES : *de gheulles a le bende dor*. Crie HAYNAULT !

Boussu 473 Le seigneur DE BOSSUT : *telz armes au lambiel dazur*. Crie : HAYNAULT !

Hamaide 474 Le seigneur DE HAMAIDE : *dor a iij amandes de gheulles*.

Rumegny 475 Les armes de RUMEGNY : *dor a le bende de gheulles, au double tranchoir florette de sinople*.

476 Les armes DE FLAGHUELLES : *dor au sautoir de gheulles, au tranchoir de sinople double florettes.* Crie : RUGMENY !

477 Le seigneur DE MONTIGNY-EN-OSTREVANT : *de sinople au lyon dargent.* Crie son nom.

478 Le seigneur DE LALAING : *de gheulles a X losenghes dor en pale.* Crie son nom.

479 Le seigneur DE BOUSYES : *dazur a la croix dargent.*

480 Le seigneur DE MONTIGNY-SAINCT-CHRISTOPHE : *burle dargent et dazur.* Crie son nom.

481 Le seigneur DE TRAZEGNYES : *bendez dor et dazur a lombre de lyon a le bordure de gheulles dentee.* Crie : SILLY !

482 Le seigneur DE GOMMEGNIES : *de gheulles a la faisse dor a le Wilvre dor sur le chief.* Crie : JAUCHE !

483 Le seigneur DE ROYSIN : *bendez dargent et de gheulles de VI pieches.* Crie : ROISIN !

484 Les armes DE WALINCOURT : *dargent au lyon de gheulles.* Crient leur nom.

485 Le seigneur DE HONCOURT : *telz armes billette de gheulles.* Crie : WALAINCOURT !

486 Le seigneur DE VILLERS : *burle dargent et dazur a iij lyons de gheulles couronnes dor.* Crie : BRABENCHON !

487 Le seigneur DE BRIEFUEL portoit : *d'Antoing a fleur de lys d'argent.*

488 Le seigneur DE BEAUMONT : *esquartelez de Blois et de Hainault, lambiel dargent.* Crie : CHASTELLON !

489 Le seigneur DE BAILLŒUL portoit : *de vair a iij kierrons de gheulles.* Crie : MORIAUMES !

490 Le seigneur DE LENS : *Les armes Roelandt a le fleur de lys dargent en lespaule.*

491 Le seigneur DESNE : *de sable a X losenghes dargent en pale.* Crie : CROISETTES !

492 Le seigneur DE MANGNY : *dor a iij kierrons de sable.* Crie : MANGNY ! Debet criez : MANCOURT

493 Le seigneur DE CUPEGNY : *esquartellez dAudenarede et de Warrain.* Audenarde : *faisse de gheulles et dor.* Et de Wavrain : *dazur a lescuchon dargent et viij cocquilles dargent.* Et crie : MAURAIN !

494 Les armes DE VILLE : *dor au chief de sable a le bordure de gheulles.*

495 Les armes DE KIEVRAING : *dor au chief bendez de gheulles et dargent.*

496 Les armes DE PROULLY : *dor a le faisse de gheulles, frette dargent et trenchoir de sinople.*

497 Le seigneur DE WADRIPONT : *dor a ij lyons de gheulles Rampans* (1) Et crie : CUL A CUL WADRIPONT !

498 Les armes DE BRAYNE : *geronne de X piecbes dargent et de gheulles a croisettes dargent Recroisettez sur le gheulles.* Crie : ENGHIEN !

499 Les armes DE CHIMAY furent : *de gheulles a*

(1) C'est "adossé,, qu'il faut lire.

lespee dor pommelee et eshendee dargent et est en bende.

Les armes DE HAVRECH : *dazur a iij lyons dargent.* Se les porte les WAUFLIERS DE QUYRY. Cria : HAVRECH !

Le seigneur DU SART : *telz armes, les lyons couronnes dor.* Deubt crier : AU PRECH ! crie : LE SART !

Le seigneur DE CORDES : *telz au lambiel dazur.*

Le seigneur DE SEBOURG : *esquartelez de Haynnault et de Luxembourg.* Crie : HAININ-LIETART !

Le seigneur DE SAINCT-SYMPHORIEN : *de gheulles au quartier dargent.* Crie son nom.

Celuy DANVAING : *de le Hamaide au lambiel dazur.*

Celuy DE FROIT MANTIEL : *de gheulles a iij estoilles dargent.*

Les armes DE POTES : *dor a iij pos de sable telz que on fait de terre a faire potaige.*

Le seigneur DE POTTES : *faissez de x pieces dargent et dazur a le bende de gheulles.* Crie : HOLAY !

Le seigneur DESPIGNOY : *dazur a laigle dor membre de gheulles.* Crie : HOUTAING !

Le Seigneur de Damourie : (1) *dor a la bende eschecquettee dargent et de gheulles.* Crie : **Ligne** !

Les armes DE BELLAING : *de gheulles a iij kievrons dermines.* Crie : MANCICOURT !

Le seigneur DE TEMONT ? : *de barbenchon a le moulette de sable.*

(1) DE DAMOURIE, DE DAMERIES, D'AIMERIES ou D'AUMERIE. *Voyez les variations orthographiques de ce nom dans :* P. A. DU CHASTEL *de la* HOWARDERIE-NEUVIREUIL. *Notes historiques et généalogiques sur la Commune d'Aymeries et la famille d'Aymeries, dite d'Aumerie.* p.p. 13, 83, 90, 91 et 92.

Solre chateau [Barbançon] 313 Le Seigneur DE SOLRE-LE-CHASTEAU : *telz a lanelet de sable.*

Mastaing 314 Le seigneur DE MASTAING : *de Gommegnies a la croisette dazur sur le faise et nest recroisettee est perchie.* Et crie : JAUCHE !

Solre s/Sambre [Barbançon] 315 Le seigneur DE SOLRE-SUR-CHAMBRE : *de Barbenchon a le croix de sable.*

316 Les armes DE CAUMONT : *de gheulles a leuree dor au quartier dermines.*

Villers au Tertre 317 Le seigneur DE VILLERS : *dazur a lescuchon dargent billette dargent.* Crie : WAVRIN !

St aubert 318 Les armes DE SAINT-AUBERT : *dor et de sable a iij Kievrons de gheulles et de sable.* Crie son nom et les porte.

Beaumont en Cambrésis 319 Le seigneur DE BIAUMONT-EN-CAMBRESSIS : *dargent a iij Kievrons de sable.* Crie : SAINCT-OBERT !

320 Le seigneur DE GRAINCOURT : *de sable a iij Kievrons dargent.* Crie : SAINCT-OBERT !

321 Le seigneur DU VIVIER : *de sinople au chief de Gommegnies.*

la Haye 322 Celuy DE LE HAYE : *dor a le bende de sable fuselee.*

323 Celui DE GRAUMES : *dargent a le bende dazur a ung escuchon dAntoing.*

Vertain 324 Le seigneur DE VERTAING : *de Bousies au lambiel de gheulles.* Crie : BOUSIES !

Denain 325 Les armes DE DENAING . *dor a le croiv de gheulles dentee.* Crie son nom.

Celuy de Biez : *de Gommegnies a lescuchon de Denaing.*

Les armes de Moulbais : *dargent a le bende de sable au lyon de sable sur la bende.* (1) Crie : Ligne !

Celuy de le Roziere : *dargent au kievron de gheulles* a *iij Roses dor sur lescu.*

Le seigneur de Auvillers : *de Haynnault au lionchel dargent sur la bende.*

Les armes de Conde : *dor a la faisse de gheulles.* Crie son nom.

Les armes de Tryt : *dargent a croisettes de gheulles.* Crioyt : Tryt et tout le croissant de Haynault !

Les armes de Rieulay : *dor a le croix de sable ancree.* Crie : Rieulay !

Les armes de Marq̄s ? *de sable a le croix dor ancree.*

Les armes dAusnoit : *de sinople a iij stinnelles dor au chief dor.*

Les armes de Machicourt : *de ghelles a iij kievrons dargent.*

Les armes du Roelx : *de gheulles a iij Roelx dor.* Crie Ruelt !

Les armes de Hourdaing : *dor au chief dargent au lyon de gheulles sur tout lescu.* Crie : Austrevant au Seneschal !

(1) C'est *en chef* qu'il faut lire.

Les armes DE FLACGNEYS : *de sinople a le bende vaire dargent et de gheulles.* Crie son nom.

Le seigneur DE HOURDAING : *de Lalaing au lambiel dazur.* Crie : HOSTREVANT AU SENESCHAL !

Le seigneur DAMFROIPRET : *dor a le croix de ghuelles dentee.* Crie : . . . . . ?

Bas Bourguignoys.

Le conte de Namur : *de Flandres au baston de gheulles et lyon couronne de gheulles.* Crie : FLANDRES !

Le seigneur DE ROCKFORT : *dor a laigle de gheulles membree estime dazur.* Crie son nom.

Le seigneur DE SERAIN : *dazur semez de fleurs de lys dargent.* Crie : DAMMARTIN !

Le seigneur DE HANEFFLE : *telz au quartier de Flagnelles.*

Le seigneur DE FLAGNELLES : *dor au trechoir de sinople double flourettez au sautoir de gheulles.* Crie : RUMEGNY !

Le seigneur DU PEL (alias : heer VAN APHEN) *dargent semez de fleurs de lys de gheulles.* Crie : DOMMARTIN !

Le seigneur DE HAUDEMONT : *telz au lambiel d'azur.*

Le seigneur DE HOCHIMONT : *de sable a le bende dargent, ij frescaulx dargent.* Crie : HARCIMONT !

Le seigneur DE MONCORNET : *dermines a iij peulx de gheulles.* Crie son nom.

Le seigneur D'ESCONNENOEST : *dargent a IX tourteaulx de gheulles.*

Le seigneur DE MORIAMES : *de vair a deux chevrons de gheulles.* Crie son nom.

Le seigneur DE AIGEMONT : *faisse de X pieches dor et de gheulles.* Crie : LOST !

Les armes DE HUFFALISE : *dazur a la croix dor a croisettes dor recroisettees.* Crie son nom.

Les armes de la conte DE THUN : *de gueulles a ij bars dor, a croisettes dor Recroisetteez au long piet.* Crie son nom.

Les armes DE THING : *dazur au lyon dargent couronne dor.*

Le seigneur DE DURAS : *de sable semez de fleurs de lys dor.*

Le seigneur DE BAUGMES : *faisse dor et de sable.*

Le seigneur DE VILLERS : *dazur a le faisse dor.* Crie son nom.

Le seigneur DE MOMMALE : *de gheulles semez de fleurs de lys dargent.* Crie : DOMMARTIN !

359 Le seigneur DE BERRLO : *dargent a ij faisses de gheulles.* Crie son nom.

360. Le seigneur DE SORLET : *dor au sautoir de gheulles.*

361. Le seigneur DE VILLES : *dor a le faisse de gheulles a ij coustices de gheulles.*

362. Le seigneur DE HUPAIN : *de gheulles a iij losenghes dargent.* Crie son nom.

363. Le seigneur DE WATERSELE : *de sinople a le faisse dermines.* Crie : BONBAIS !

364. Le seigneur DE HARNE : *burle dargent et de gheulles a iij merlettes de sinople.*

365. Le seigneur DE HASBAIN : *de gheulles a Rues dor.*

Hollandois

Les armes de la contee DE HOLLANDE : *dor au lyon de gheulles.* Crie : HOLLANDE !

Le seigneur DE HAMESTARDE : *telz armes a le ruee dargent en lespaule du lyon et couronne dor.* Crie : HOLLANDE !

Le seigneur DE BREDERODE : *de Hollande au lambiel dazur.*

Les armes DE WORMES : *de gheulles au lupart dor Rampant.*

Le seigneur DIECTRE : *dargent a ij faisses de gheulles breteskye.*

Le seigneur DASPRE : *telz armes a le merlettes de sable.*

Le seigneur DE WANTLAIN : *faisse dor et dazur, sur lor IX sautoirs de gheulles.*

Les anchiennes armes DE LE LAICKE : *bende dor et de gheulles.* Depuis : *dargent au lyon de sable a la keuwe fourchie, croysye, couronne dor.*

Le seigneur de LAYKE et DE PALANE : *dargent a iij croissans de sable.*

Le seigneur DAIGHEMONT : *kievronne dor et de gheulles de Vij pieches.*

176 Le seigneur de Harlar : *esquartellez dor a le faisse de gheulles breteskie, et dargent a iij testes du lyon de gheulles, couronne dazur.*

177 Le seigneur de Ifestain : *dor a le faisse de sable a ung saultoir eschecquete dargent et de gheulles.*

178 Le seigneur de La Vere : *de sable a le faisse dargent.*

179 Le seigneur de Lanstronne : *de gheulles a le couronne dor dempereur.*

180 Le seigneur de Randerode : *dor eschecquette de gheulles.*

181 Le seigneur de Rodemach : *faisse dor et dazur.*

182 Le seigneur de Valkenbourck : *dargent au lyon de gheulles, a la keuwe fourchye et couronne de mesmes.*

183 Le seigneur de Corelant : *dargent a iij sautoirs de gheulles.*

184 Le seigneur de Wissenbourcg : *dargent au chief de gheulles.*

185 Le seigneur de Julemont : *dor a le croix de gheulles dentee.*

186 Le seigneur de Willenberche : *dermines a escuchon de gheulles.*

187 Le seigneur de Randon : *de gheulles a iij faisses dermines.*

Le seigneur DE CRUNINGHE . . ? *a iij peulz de sable.*

Les armes DE WASSENICRE : *de gheulles a iij croissans dargent.*

Les armes DE WISTREL : *de gheulles a le Reuwe dargent.*

BRÈDERODE : *esquartelles dor au lyon de sable et dor au lyon de gheulles.*

Les armes DE RIESTERNANT ou TIESTREBANT : *dazur a lescu boucle de Cleves.*

Les armes DE PONT (alias : DE GHELDRE) : *dor a trois fleurs de mesplier de gheulles.*

Les armes DE ANISTEDE : *dor a iij faisses de sable et ung sautoir eschecquette dor et de gheulles.*

Les armes DE VERNENBOURG : *dor a ij faisses de gheulles fuselee.*

Les armes DE CULENBOURG : *esquartelles dargent a ung lyon de sable, et dargent a ij pillers ou Rocques de gheulles.*

Le seigneur DE MERUWE : *de gheulles a le faisse dargent besandee dor.*

Alemans

allemagne 598 **Le Roy dAlmaigne** : *dor a laigle de sable membre de senc.*

Bohême 599 **Le Roy** DE BEHAIGNE : *de gheulles a lyon dargent et la kaeuwe fourchye dargent.*

Cologne 600 Larchevesque DE COULONGNE : *dargent a le croix de sable.*

Trêves 601 Larchevesque DE TREVERS : *dargent a le croix de gheulles.*

Saxe 602 Le duc DE SAXONNE : *faissez de X pieches dor et de sable a la couronne de sinople seant en bende.*

Palatin du Rin 603 Le conte PALATIN DU RIN : *de sable au lyon dor couronne dor.*

Brandebourg 604 Le marquis DE BLANCKEBOURCH : *dargent a laigle de gheulles, dor par le present.*

Nuremberg 605 Le conte DE NORENBERGHE : *dor a iij couronnes de cersf fourchye, en sautoir couronne et arme dor.*

Juliers 606 Le seigneur DE JULERS : *dor au lyon de sable.*

Gascoingne

607 **Les armes** de Ghuienne : *dor a le croix dazur eslargie a iiij merlettes dazur.*
Crie : Ghienne au puissant duc !

608 Depuis : *esquartellees de France a bordure de gheulles dentee, et de gheulles a ung lupart dor passant et estoit ce qnartier Ghienne.*

609 Le seigneur de La Brech : *de gheulles.*

610 Le seigneur de Caumont : *de sable a le croix dargent eslargie.*

611 Le seigneur de Pumiers : *dazur a iij faisses dargent a la bordure de gheulles sur pommes dor.*

612 Les armes de La Barde : *dargent au lyon de gheulles.*

613 Les armes de lEspare : *losenghie dor et de gheulles.*

614 Les armes de Landuras : *dor a la croix de sable et de moulette dargent sur la croix.*

615 Monseigneur de Leschun : *de Pumiers a le moulette dor au chief.*

616 Le seigneur de Bousacq : *esquartellez dor et de gheulles a laigle dargent.*

617 Les armes de Lande : *dor a iij levriers de gheulles en bendes.*

618 Le capital de Boeuf : *dor a la croix de sable a iiij cocquilles dargent.*

Le seigneur DE ROSEN : *dor a iij piez de griffon* . . ?

Tour en ginne.

619 **Le seigneur** DE LA TOURSE : *dermines au sautoir de gheulles engreslez.*

620 Le seigneur DE MILY : *de sinople au lyon dor billete dor.*

621 Le seigneur DAMCAY : *dargent a le bende de gheulles.*

622 Le seigneur DE BOIS : *de gheulles a iij lyons dermines couronnez dor.*

623 Le seigneur DE LE HAYE : *dor a iij faisses de gheulles et bordure de mellettes.*

624 Celuy DE FOURMENTIERES : *dargent a ij faisses de gheulles.*

625 Celuy DE BOURNON : *dor a le croix de gheulles et iiij cocquilles dazur.*

626 Le seigneur DAMBOISE : *eschecquette de six pieches dor et de gheulles.*

627 Le seigneur DE MAILLY : *onde faisse dor et de gheulles.*

Le seigneur DE CĀVEGNY : *dargent a le faisse de gheulles fuselee, au lambiel dazur.*

Le conte DE BLOIS portoit : *de gheulles a iij peulz de vair, au chief dor, hodie Chastillon.*

Le seigneur DE ROBBAULT : *de sable a ij lupars dor.*

Le duc DAVERTON anchiennement crioit : SAINCT-MAURICE ! Et en portoit les armes.

Poiton.

632 **Les armes de la contee** de Poitiers furent : *de gheulles a V chastiau dor.*

633 Les armes de la conte de La Marche furent : *burle dargent et dazur.*

634 Le conte de La Marche porte : *de France au baston de gheulles a iij lyons dargent Rampans sur le baston.*

635 Le seigneur de Partenay : *burle dargent et dazur a le bende de gheulles.*

636 Le viconte de Rochenart : *bandez dargent et de gheulles.*

637 Le seigneur de Appremont : *de gheulles, lyon dor couronne dazur.*

638 Le seigneur de Couars : *dor seme de fleurs de lys dazur, au quartier de gheulles.*

639 Messire *Joffroy* dArgenton : *dor a iij tourteaulx de gheulles a Vij croisettes dazur florettes au deboult.*

640 Le seigneur de Pons : *dargent a le faisse de gheulles.*

Mansiaulx

Le seigneur de Laval : *dor a la croix de gheulles, a XVj aigles dazur a V cocquilles dargent sur la croix.*

Le seigneur de Mobason : *de gheulles au lyon dor.*

Le seigneur de Mily : *dor a VI aigles dazur.*

Le seigneur de Bresegnyes : *de gheulles a lescuchon dargent, a le bordure de Roses dor.*

Celuy dAssegnies : *de gheulles a iij Roses dermines.*

Le seigneur de Malicorne : *burle dor et de gheulles.*

Le seigneur dAmboise : *dor eschecquette de gheulles.*

Le seigneur de Mateson : *chevronne dor et de gheulles.*

Le seigneur de Prully : *dazur a IX aigles dargent.*

Bretons.

650 **Le duc de** BRETAIGNE porte : *dermine*. Crie : SAINCT-MALO AU RICHE DUC !

651 Le seigneur CHASTIEL-BRIANT : *de gheulles semez de fleurs de lys dor*.

652 Le seigneur DE LODEHAC : *de vair*.

653 Le seigneur DE CLICHON : *de gheulles au lyon dor couronne dor*.

654 Le seigneur DE RES (Alias : RIEUX) : *dazur de besans* . . ?

655 Le seigneur DE MACHICO : *de gheulles a iij chievrons dargent*.

656 Le seigneur DU LYON : *de sable*.

657 Le seigneur DANSENIS : *de gheulles a iij quintefoeullez dermines perchies*.

658 Le seigneur DIERVAEL : *dargent a ij faisses de gheulles*.

659 Le seigneur DE ROCHEFORT : *dor a laigle de sable*.

660 Le seigneur DE BEAUMANOIR : *dazur a X billettes dargent*.

661 Le seigneur DE RAYS : *dor a le croix de sable*.

662 Le seigneur DE MALESTRAICT : *de gheulles a IX besans dor*.

663 Le seigneur DE RONGY : *de gheulles a le croix dargent eslargie*.

664 Le viconte DE ROHEM . . ? *a X losenghes dor en pale et sont percies*.

665 Le seigneur DE MONTABEN : *telz au lambiel dargent*.

Le seigneur de Rochefort : *vairie dor et dazur.*

Le seigneur de La Galle : *dor au lyon de gheulles passant, a cocquilles dazur.*

Le seigneur de Mangont : *dargent au chief de gheulles.*

Le seigneur de Rotelain : *dazur a le faisse dor.*

Le seigneur de La Seulle : *dor a le croix endentee.*

Le seigneur de Lille : *de gheulles a le croix dor, bordee. pumelee a deboultz.*

Le seigneur de Fougeres : *de gheulles fretees de vair.*

Le seigneur de Le Fontaine : *de gheulles a laigle dor.*

Le seigneur de Fontaines : *dor au lyon dazur.*

Le seigneur de Mongeron : *dor a iij lyons de sable couronnes de gheulles.*

Le seigneur de Maleval : *dor au lyon de sinople couronne de gheulles.*

Le seigneur de Claykin : *dor a laigle de sable a ij testes.*

Le seigneur de La Frete : *palle dargent et dazur a le bende de gheulles.*

Le seigneur de Le Barre : *de gheulles a lescuchon dargent, a le bordure daigle dor.*

680 Le seigneur DE LANNAY : *dargent au lyon de sable a lescuchon de seigneur George en lespaulle.*

681 Le seigneur DE SAINT-PIERRE : . . . . . . ?

682 Monseigneur DE MONFORT : *dargent a le croix de gheulles ancree et deboult testes de serpens dor.*

683 Le seigneur DE FONTENAY : *dargent a iij jumelles de gheulles a le bende* . . . ?

684 Le seigneur DASEGNIE : *dermines a le faisse de gheulles sur iij fleurs de lys dor.*

685 Le viconte DE LA BIERLIERE : *esquartelles dargent et de sable.*

686 Le seigneur DE LE HAYE : *de gheulles a le croix derminez.*

687 Celluy DE BOMRCAULT ? : *dargent a l'aigle de gheulles a deux testes.*

Langhedock

688 **Le conte de Foie** ; *esquartelez . . ? a deux bœufs de gheulles et de Foix : dor a iij peulz de gheulles.*

689 Le conte dERMINACK : *esquartellez de gheulles au lyon dor et bordure de mesme et dargent au lyon de gheulles la keuwe fourchie.*

690 Le conte DE PERIGORT : *de gheulles a iij lyons dor.*

691 Le conte DE MOLEZIN : *dor au lyon de gheulles, le bordure de molletes de gheulles et de sable tant dung que daultre.*

692 Le seigneur DE CARDELACK : *de gheulles au lyon dargent a le bordure besande dargent.*

693 Le seneschal DE TOULOUSE : *faisse dor et dazur et sur lor VI touteaux de gheulles.*

694 Le seigneur D'AMBOIZE : *de VI pieces dor et de gheulles.*

695 Le seigneur DE MAILLY : *faisse de gheulles a trois faisses dor ondees.*

Angevins

696 **Le duc dAnjou** porte : *France a la bordure de gheulles.*

697 Les anchiennes armes dessusdiettes estoient : *les armes de Sainct-Maurice.*

698 Le seigneur DE CRAAN : *losenghe dor et de gheulles.* Cryoit : CLARIAU ! Et presentement : *(de gheulles) a ung escarboucle dor floree,* les armes dAverton.

699 Le viconte BIAUMONT : *dazur au lyon dor semez de fleurs de lys dor.*

700 Le seigneur DE PRECEGNY : *dor et dazur au pied parti, au chief palles faisse tout le faisse a deux cans geronne et ung escuchon dargent parmi.*

701 Le seigneur DE MALEUREUX : *dor au chief de gheulles.*

702 Le seigneur DE LILLE : *dor a le bende de gheulles.*

703 Le seigneur DE LA FORCEST : *dargent a le fleur de lys de gheulles.*

704 Le seigneur DE BOURSORGNIES : *de gheulles a lescuchon dargent et croiselle dor.*

705 Le seigneur DE SAINCT-LERE : *de gheulles a le bende dargent, au lambiel dor.* Crie son nom.

706 Le seigneur DE CAMMURCHEEL : *dor a laigle de gheulles a deux testes.*

107 Le seigneur dOve : *dazur semez de goutes dor a lescuchon dargent.*

108 Le seigneur dAubegny : *de gheulles a la faisse dargent losenghuies.*

109 Le seigneur de Bersegnies : *de gheulles a lescuchon dargent, a croisettes dor croisettes a long picz* ou *pichees.*

110 Le seigneur de Bouchet : *de sable a le croix dargent dentee.*

111 Le seigneur de Rosemadoulch : *dor a trois jumelles de gheulles.*

112 Celluy de Castellez : *dor au chief de sable a lembiel dargent.*

113 Celluy de Gomont : *dor a ij faisse de gheulles noees, a le bordure de merlettes de gheulles.*

114 Le seigneur de La Trimoille : *dor a chievron de gheulles, a iij aigles dazur.*

Auvergnois

415 **Les armes dAuvergne** : *dor au confanon de gheulles.* Et le porte le conte DE BOULONGNE.

416 Le daulphin DAUVERGNE . . . . ?

417 Le conte DE SALAIRNE : *de gheulles au chief dargent.*

418 Le conte DE SAMMES : *de gheulles a ij saumons dargent a croisettes dargent Recroisettes et fichees.*

419 Le conte DE PETIT-PIERRE : *de gheulles a la faisse dargent.*

420 Le conte DE BLAMONT : *de gheulles a ij saumons dargent.*

421 Le conte DE BRIERN : *dazur au lyon dor a trifles dor.*

422 Le seigneur DE LA TOUR : *dazur a la tour dor et fleurs de lys dor.*

423 Le seigneur DE TOURNON ; parti : *de France et de gheulles au lyon dor.*

424 Le seigneur DE GEROULTE : *geronne dargent et de sable de VIII pieches.*

425 Le seigneur DE LA BUISSIERE : *dargent a le croix de gheulles.*

426 Le seigneur DE MARTEUL : *de vair a iij faisses de gheulles.*

427 Le seigneur DE MONTRESCE : *de sable a le croix dor et iiij merlettes dor.*

Bourbonnois

Le duc de Bourbon : *de Franche au baston de gheulles.*

Les armes de la duce : *dor au lyon de gheulles a le bordure de cocquilles dazur*, et le portoit Monseigneur *Jeham* DE BOURBON.

Le seigneur DE MAUMONT : *dazur a ij faisses dor.*

Le seigneur DE FONTENAY : *palle dargent et de sable. au chieveron de gheulles.*

Le seigneur DE PRIE : *de gheulles a iij Roses dor.*

Le seigneur DE MONTAGNE : *de sable a iij testes de lyon dor.*

Le seigneur DE CASTELLON : *losenghie dor et dazur.*

Le seigneur DE CALLENCHON : *de gheulles a iij testes de lyon dor.*

Le seigneur DE ROCHEFORT : *dargent au quartier du duc de Bourbon.*

Le seigneur DU CASTIEL-PIERON : *esquartele dor et de gheulles.*

Le seigneur DU CHASTEAU-NEUF : *de gheulles au lyon de vair.*

Viennois

Les armes de Viennes : *dor au daulphin dazur.*

Le seigneur DE CASSENAIGE : *burle dargent et dazur au lyon de gheulles couronne dor.*

Le seigneur DE CHASTEAU-NOEUF : *dargent au chief de gheulles, a iij potentes de Sainct-Anthonne dazur.*

Le seigneur DE MARBECH : *de gheulles a deux lupars dor passans.*

Le seigneur DE WARENBOURG : *de gheulles a le croix dermine.*

Le seigneur DE BOUSTAIGE : *dor a laigle de sable membree dazur a ung baston eschecquettez dargent et de gheulles.*

Le seigneur DU MOULART : *dor au lyon de vair.*

Le seigneur DE SORAS : *dor a la croix dazur.*

Le seigneur DE LORAS : . . . ? *a la faisse de losenghes dor et dazur.*

Le seigneur DE MONFAUCON : *dazur a sautoir dor a V besans dargent.*

Le seigneur DE CLEREMONT : *de gheulles a deux clefs dargent en sautoir.*

Le seigneur DE GHYERE : *de vair au chief de gheulles au demy lion dor.*

Le seigneur DE LA TOUR : *dor a le tour de gheulles.*

Le seigneur DE VIGNOY : *de gheulles a la tour dargent.*

Oultre Viennois.

Le conte de Valetinois : *dazur a VI besans dargent au chief dor.*

A présent le seigneur DE SAINT-BAILLIERS et ceulx DARSY en Campaigne descendus.

Le seigneur DE LA PALISE : *de gheulles a le croix derminez.*

Le prince DHORENGE : *dor a ung cor dasur Loyet de gheulles.*

Bourghenons.

757 **Les armes de la duce** DE BOURGONGNE : *bende dor et dazur a la bordure de gheulles.*
Crie : CHASTELLON AU NOBLE DUC !

758 Les armes du duc : *esquarteles de France et de Bourgonne.*

759 Les armes de la conte DE BOURGONGNE : *dazur au lyon dor, billette dor et couronne dor.*

760 Le conte DANCOIRE : *de gheulles a la bande dor.*

761 Monseigneur *Jeham* DE CALLONS : *telz a le moulette dazur.*

762 Le conte DE MONBLIOCH : *de gheulles a deux truytes dor.* Cest la fumelle du Saumon.

763 Le seigneur DE MONFAUCON : *telz au trenchoir dor.*

764 Le seigneur DE MONTIGNY : *dazur au lyon dargent.*

765 Le seigneur DE BERGY : *de gheulles a iij quintefoeulles dor.* Crie : BERGI NOTRE-DAME !

766 Le seigneur DE VIANNE : *de gheulles a luigle dor membres dor.* Monseigneur DE SAINCT-GEORGE, DE LA TOIZON.

767 Le seigneur DE CARNY : *de gheulles a iij escuchons dargent.*

768 *Phelippes* seigneur DE TRENANT porte : *a eschecquettez dor et de gheulles.* Fust de *La Toison.*

Le seigneur DE MONMARTIN : *burle dargent et de sable.*

Le seigneur DE TALME : *dargent a le croix de gheulles ancree.*

Monseigneur *Thibault* DE NOEUF-CHASTEL porta : *de gheulles a le bende dargent.* Fust de *La Toizon*, marischal de Bourgongne.

Les armes DE CHALOY ; DE SALINS ; DANSOIRE ; tout ung : *de gheulles a une bende dor.*

Le seigneur DE CHASTEAU-BELIN : *esquarteles dazur au lyon dor et de gheulles a le bende dor.*

Barois

774 **Le duc de Bar** : *dazur a deux bars dor adossy. a croisettes dor Recroisettes au long piet.*

775 Le seigneur DE PIERFORT : *telz a bordure de gheulles.*

776 Le seigneur DAPREMONT : *de gheulles a le croix dargent.*

777 Le seigneur DE LOUPY : *de gheulles a V aniaux dor en sautoir.*

778 Le seigneur DE BAUFREMONT : *vairie dor et de gheulles.*

779 Le seigneur DE RUPES : *telz au baston dazur.*

780 Le conte DE GRAMPREZ : *burle dor et de gheulles.*

781 Le seigneur DE BUISENSY : *telz au lambiel dazur.*

782 Le seigneur DE BLANMONT : *de gheulles a trois saumons dargent.*

783 Les armes DE SARNAY : *dargent a le bordure de gheulles.*

784 Le seigneur DE SOURSY : *dor a lescuchon de gheulles.* Crie : SARNAY !

785 Le seigneur DE CLEREMONT : *de gheulles a une clef dargent.*

786 Le seigneur DE MARSY : *dasur a lyon dor a fleurs de lys dor.*

Le seigneur DE CARDONNE : *de Loupi au lambiel dazur.*

Le seigneur DE MONCHIAUL : *de gheulles a V aniaulx dargent en sautoir.*

Le seigneur DE RAMPANT : *telz au quartier dermines.*

Le seigneur DE SAINCT-AMAND : *faisse dargent et de sable.*

Le seigneur DE HARNICOURT : *de gheulles a le croix dor au cartier dargent au lyon de sable passant.*

Le seigneur DE LONGHEVILLE : *dazur au sautoir de Cathenay dor, couronne dor.*

Le seigneur DE BILY : *de gheulles a iij billettes dargent.*

Le seigneur DE WATRIMOILLE : *dor a le croix de gheulles.*

Le seigneur DE TRENS : *dor a le croix de sable.*

Le seigneur DE FONS : *dazur a le croix dargent au quartier lozengye dor et de sable.*

Le seigneur DE MARLY : *de gheulles au lyon dargent a la keue nouuee.*

Le seigneur DE BIERNANMONT : *dargent a V aniaulx de sable en sautoir.*

Le seigneur DE MENNOUILLE : *dor a le croix de sable frete dargent.*

Le seigneur DE SAINCT-BON : *dor a ij bastons de gheulles de Faukegny.*

Vaudemont 801 Le conte DE WADEMONT : *burle dargent et de sable.*

Grandpré 802 Le compte DE GRANT PREZ : *burle dor et de gheulles.*

Telle était la noblesse chrétienne et chevaleresque au XVe siècle, et quelles sont les familles actuelles qui ont le droit de s'en réclamer.

Pour l'honneur et reverrence de la croix

en laquelle Notre Seigneur Jhesuscrist Recheupt mort et passion pour notre Rédemption. En ceste presente matiere d'armoirie en laquelle on a accoustume mettre croix en pluisieurs manières. Pourquoy est a notter que en armoirie on use de croix planchie. Croix Widée. Croix remplie. Croix potencie. Croix flouree. Croix doultre mer. Croix percye. Racourchie. Ancree. En bendee. Engreslee. Endentee, Empeschie. Patee. Et en sautoir. Item croix Croisee. Croix fichie, et alongtemps pied.

Item. On use de puisieurs manieres de lyons asscavoir Rampans, couchans, passans, croissans, crouppans, lyons en bende et aultremens, lyons leopardes et lupars lyonnez, lyons enraches et non esraches.

Item. Daultres bestes comme cerfz encornes daultre couleur ou mital. De hures de senglers esrachies ou non. Dentes ou non embrogniez ou non.

Item. Doysiaulx, premiers aigles eupenes ou despenes.

A doubles testes ou simple, aigles sans becq, sans jambes. Item alerions qui ont seullement estes daigles.

Item. On use de griffons, poulles, pipars, corbeaux, merles. Mais fault nommer comment ils sont membres ou enbesquiez Excepte la merle quy na ne bouche ne pied.

Item. De poissons ya dauffins, bars saulmons, truttes, tenches, etc. Remontres, adosses, siewans en pale, en bende, en faisse, etc.

Item. Umbre de lyon, lyoncheaulx Remontres adosses.

Item. Ya diverses manieres de fleurs de lys dor, dargent ou de couleurs, a pied coppe, sur pied quarre ou aultrement.

Item. Diverses fleurs, Roses, feulles de laurier, treffles, etc.

Item. Ya glanes, garbes loyes de diverses couleurs. Item espis, arbres chesnes, puys crocquetes, etc.

Item. On use de broies, estrilles, estriers.

Item. Y a tressoirs doubles et sengles, pommeles, flourettes ou non.

Item. Confanons bordes, fringyes, flourettes ou non.

Item. Chasteaulx et tours diversement machonnez, clos, fermez, couvers ou nom.

Item. Cors, cornes diversement loyes ou pendus.

Item. Calice, pots, Resteaulx, fauchilles, dolares fers de mollins.

Item. Livres, poins, billettes, cocquilles, croissans, moulletes, estoilles a divers nombre de pointes.

Item. Testes de diverses bestes comme lyons, lupaers, chevaulx, moutons encornes ou nom de diverses couleurs.

Cornes de cerf en pal, en fasce ou en bende.

Item. Couronnes en fasce, en pal ou en bende tel et nombre.

Et singulierement a lyon ou lupaers faulx nommer comment ils sont onglez, dentes ou lampasses.

Car aulcune fois de mesme, aulcune fois diversement. Semblablement de la keuwe selle est simple ou double croysye en saultoir ou aultrement. Car ces choses sont diverses differences et Rompures et armes.

Item. On use de chief, bendes, peulz, chievrons gerons, undes, croix, saultoirs et iceulx sont le thierch de lescu.

Item. On dict fasce, bende, pale, chevronne geronne, fasce, contre-fache, bende, contre-bende pale, contre palle, geronne, contre-geronne

Item. On use de Jumelles, tierches, tretz, bastons sans villeinie et aultres. Item. Cotices, eschecquete, billette, bretesquie, wivree, besande, copponne, fuselee, losenghye, unde, endente, engresle, enfflanchiet, burlez, vaire, commencie, esquartele, my party en face, en bende, en pal.

Item. Lambiaulx de diverses sortes et couleurs et de bordures semblablement bordure simple endentee, undee.

Chy sensievent les marches darmes

de France qui a proprement a parler sappellent les provinces des nobles. Et pour ce que ung seul ne pouroit tout comprendre les Roys darmes ordonnent chacun en sa marche pour enquerir des armoyries, cris et achennes quy sappellent timbres pour faire Rapport vray et juste aux nobles quy en demandent et acron darmes des franchois nomme Mon Joie. Lequel on doibt faire Registre. Car il précede par dessus tous les aultres Roys darmes. Et est sa marche liste de France. Et pour ce est et doibt estre continuellement en lhostel du roy. Et doibt faire son registre. Et en son absence le marissal darmes de franchois en doibt avoir pareillement congnoissance pour ce qui est de coustume que chacun an les Roy darmes et heraulx se treuvent ent semble et la faisoit chacun son Rapport de sa marche par lequel Rapport le Roy Notre Seigneur scavoit quelle noblesse y avoit en son Royaulme.

Et premierement.

La marche DE CHAMPAIGNE quy est grande marche, et est ladicte marche de la duce et contee de Bourgongne, la duce de Hanon, de Daulphyne, la conte de Valentinois, la principaulte dOrrenge, la conte de Venise quy est au pape, la conte de provence et de Nice, la Riviere de Gennes et bien etalles et sont toutes ses nations champanois aux armes. Et sen est la conte de Tonneire separeez. *Et le cri* du conte passeavant.

Item. La marche DE GUYENNE de laquelle marche sont les pays de Gasgoingne et de Bertonnois, le pays de Rodes, dErminache, de Fois et de Bigarre jusques a Sainct-Jehain du Pied-de-Porcq. Et la contee de Toulouze, de Comminge, de Castre, de Lastrac. Et crie : GUIENNE A PUISSANT DUC ! Et porte : *dor au lupaert de gheulles armes dazur.*

Item. La marche D'AVERTON quy sestend en Poitou jusques a la Charenche quy est une Riviere et se nomment Angemus, Poiteviens et Manseaulx. Et crie : SAINCT-MAURICE ! Pour ce que les anchiennes armes dAverton sont les armes de Sainct-Maurice combien que presentement il porte : *de gheulles a une escarboucle dor flouree.*

Item. La marche DE BRETAIGNE quy sestend au long de la mer depuis la fin de la duce de Normendie jusques au pays Pantonge. Et crie : SAINCT-MALO AU RICHE DUC ! Et porte : *dermines.*

Item. La marche DE BERRY quy sestend en Limosinge, Bourbonnois, en Advergne, en Touraine et se nomment ses nations Berrinez et Tourangoys et porte : *de France a la bordure endentee de gheulles.*

Item. La marche DE VERMENDOIS quy est grant et noble et en est contee de Clermont, le pays de Beauvoisins, la conte de Mcerle et de Soisson, la contee de Roussy et de Braine, la contee de Guyse, le pays de Larnnois ? la terre des Potes et porte le conte de Vermendois : *eschecquette dor et dazur*. Et crie : VENDEUL AU CONTE DE VERMENDOIS !

Item. La marche DE CORBIE et soubz le abbe et conte de Corbies quy pourvoit la vie de son Roy darmes. Et la dicte marche de Corbye en le pays dArthois, dAmiengnois, de Vermendois et de Santers et porte : *dor a deux corbeaux (de) sables*.

Item. La marche DE PONTHIEU quy sestend au pays de Brimeu jusques a la Riviere dEu quy est lentree de Normendie et Retourne vers Anneus et a des grosses et anchienne baniere et se nomment ses nations Pohiers.

Item. La marche DE NORMENDIE quy sestend jusques en bretaigne selon les mers en est ventin de Franchois. Et y a en ladicte marche la contee de Harcourt, de Dammarle, de Montgomeery, de Longheville, de Tanquarvuille et sont tous Normans aux armes et y a audict pays grand noblesse.

Item. La marche DARTOIS est grant et sestent jusques au pays de Haynnault quy nest poinct de la dicte marche dArtois, mais en la contee de Sainct-Pol, de Boulongne, de Guysnes et de Falquenberghe et sappellent Artisiens aux armes.

Item. La marche DE FLANDRES ne sestent quen la conte de Flandres et dAlost jusques au pays de Brabant Et crie : *Flandres au lyon !*

Nota que tous les Roix darmes dessus dictz doibvent porter les armes de leur marche et ne doibt nulz porter armes du roy couronneez sy non MONT-JOYE quy est par dessus tous les aultres.

Et ledict MONT JOIE a proprement parler *doyen de lordre.*

Chy sensieult la genealogie

de tres hault et puissant seigneur
Monseigneur *Pierre* DE LUXEMBOURG (1)
conte de Sainct-Pol, de conversant,
de Ligny et de Briane, seigneur dEnghyen,
de Fiesnes et chatelain de Lilles
et les blasons armoryes de huyt
costes de par son pere et de huyt
costes de par sa mere par lesquelz
on poeult veoir et scavoir dont les
nobles enffans fils et filles sont
extraict.

Vray est que le conte Blondeel de Luxembourg

fust marie a le fille dung conte de Bar, auquel fust donne le conte de Ligney. Et de ce mariaige escheirent pluisieurs enffans tant fils comme filles,

Le premier fils fust nomme *Henrri* DE LUXEMBOURG, quy depuis fust empereur, Le second fust nomme Monseigneur *Wallerand*. Le thierch *Bauduin*, quy depuis fut archevesque de Treves. Le quart enffans fust une fille quy appres fut mariee au conte Ghuy *de Flandres*. Le quinte fust une fille qui épousa le conte *de Hainault*. Item. Du empereur *Herry*, escheyrent le Roy de Bohemme, le marquis de Brandebourg *Jeham*. Une fille quy espousa ung Roy *de France*. Et depuis fust Remariee a ung Roy, issut de troys Roix. Item. Dudict

(1) La partie de cet ouvrage qui a trait à la famille *de Luxembourg* a été publiee par M. MAURIN-MAHUYS et si nous la rapportons ici c'est afin de la corriger, car elle diffère essentiellement de l'original que nous avons entre les mains, et qui constitue le seul monument authentique du XVe siècle que la chevalerie puisse invoquer à l'appui de ses prétentions nobiliaires. Ce manuscrit est LE LIVRE D'OR, c'est-à-dire le plus précieux monument de la chevalerie chrétienne qu'il nous ait été donné de consulter. En un mot, c'est le regitre suprême de la noblesse de cette époque constituant à lui seul tous les titres nobiliaires et chevaleresques des familles qui y sont enregistrées.

Roy de Boheme yssut *Charles*, empereur, et une fille quy depuis fust duchesse de Normendie de laquelle escheyt *Charles* Roy de Franche et ung aultre filz quy fust Roy de Jherusalem et de Cecile. Ung autre filz quy fust duc de Berry et encoire ung autre quy fust duc de Bourgongne. Et avecq ce escheirent deux filles dont lune fust Rome de Navarre et laultre duchesse de Bar.

De lempereur *Charles* escheyrent le Roy des Romains et marquis de Brandenbourg, la Royne dAngleterre. Et sy escheyt encoire ung filz frere au roy des Romains quy print a femme la royne de Hongherye.

Item de Monseigneur *Wallerand* filz audict empereur *Herry* escheyt Monseigneur *Wallerant* conte de Leigny. Et de luy escheyt Monseigneur *Jeham* DE LUXEMBOURG, chastellain de Lille.

Dudict *Jeham*, escheyt Monseigneur *Guy* DE LUXEMBOURG quy fust marie a la contesse de Sainct-Pol. Et de ce mariaige escheyt le conte *Wallerand* et Monseigneur *Robert* DE LUXEMBOURG Monseigneur *Jeham* DE LUXEMBOURG seigneur de Biaurevoir, le cardinal DE LUXEMBOURG, et Monseigneur DE LUXEMBOURG. Et aussy dudict seigneur escheyt *Jehenne*, contesse de Retel, la contesse de Waudemont et la contesse de Geneve. Et dudict Monseigneur *Guy* quy morut en Gheldres escheyt une fille quy fust dame de Moriasmes. Et une autre Dame contesse de Lecher. Item. De la contesse de Haynnault quy fust femme dudict empereur *Herry* escheirent le conte *Guillaume* et Monseigneur *Jeham* DE HAYNNAULT.

Item. Dudict contre *Guillaume* escheyt la Royne dEngleterre, femme au Roy Edouart et aussy en escheyt lemperatrice dAllemaigne femme du duc Loys *de Baviere* quy estoit mere au duc Aubert. Item. De Monseigneur *Jan* DE HAYNNAULT escheyt le conte de Blois de par sa mere quy fust fille audict Monseigneur *Jan* DE HAYNAULT

Item. La contesse *de Flandres* escheyt le conte *de Namur*, Monseigneur Henrry *de Flandres*, Madame *de Fiesnes* mere du connestable de France.

Or voeul parler de Monseigneur *Jeham* DE LUXEMBOURG, frere au beau conte *Wallerand* quy fust frere Dame contesse de Sainct-Pol. Laquelle fust amte au conte de Bloys de par son pere, et de par sa mere nepveu au duc de Bretaigne. et amte a ung Roy dEngleterre Et ces costes vindrent la lignie de Vallois. Et en escheyt un duc de Bourbon, une Royne de France, une Royne de Cecile et une contesse dArtois.

Car y furent demy frere a ung conte dArtois et ung conte de Bloys et a ung conte de Sainct-Pol. Et eurent une demy sœur quy fust ducesse de Brabant fille au conte dArtois. Ainssy avez la genealogie du pere et de la mere Monseigneur *Jehum* DE LUXEMBOURG pere du noble conte *Pierre*

DE LUXEMBOURG, evesque de Terelbane, Monseigneur *Jeham* DE LUXEMBOURG conte de Leigny et de Ghuyse.

Ceste raison que je dictz la genealogie de la mere de Monseigneur le conte *Pierre* DE LUXEMBOURG mais premier parleray de Monseigneur le conte *Wallerand* quy print a espouse une fille dEngleterre. Et pour la seconde une fille du duc Herry de Bar de laquelle neuyt nulz enffans. Mais de la premiere heuyst une fille quy depuis fust mariee au duc Anthonne *de Brabant* duquel mariaige escheirent deux enffans marle quy tous deux morurent sans voir le monde dont par ceste cause la duchyee de Brabant succeda a leur cousin germain duc de Bourgongne. Et les contes ds Lygny et da Sainct-Pol vindrent de par leur mere, Et escheuent a Mademoiselle DE LUXEMBOURG leur ante. Et appres Revendrent a leurs nepveulx le conte *Pierre de Luxembourg*. Et a Monseigneur *Jeham* DE LUXEMBOURG comme encoire vœult apparoir.

Or est-il vray que le conte Ghuy *de Flandres* euist plusieurs enffans filz et filles dont Robert, conte de Flandres quy fust

ung par mariaige heult une fille de sa femme
quy fust fille dung conte de Haynault laquelle
fille du conte Robert print a mariaige le
fils de Monseigneur Wattier *dEnghien*. Euyst
encoire une fille quy print par mariaige
ung de Retel et fust ce seigneur Wattier
dEnghien aisne du pere et de la mere Monseigneur
le conte *Pierre* DE LUXEMBOURG que Dieu
pardoinct. Et le duc de Brabant heuyst espouse
la fille du dessusdict conte Guy quy sœur germaine
au conte Robert. Ceste ducesse sœur germaine
audict conte Robert heuyst une fille de son
mary le duc de Brabant quy espousa
l'empereur Henrry. Ceste Dame appres euyst
ung fils quy fust Roy de Bohenne. Et
celluy fils dEnghien quy eult la fille du
conte Robert espousee et la fille dEnghien
quy eulst espouse le conte de Retel. Or
heult chacun ung fils dont lung fust nomme
Wattier dEnghien et laultre Huon de
Retel. Ainsi furent les dessusdicts Roys de Bohaigne,
Monseigneur Wattier dEnghien et Huon de Retel cousins.
Et le conte de Haynnault leur garde tayon. Le
Roy de Behaygne dessusdict heult
une fille quy fust marie au Roy Jeham
de France quy estoit filz au Roy Phelippe de
Vallois, Et le dessusdict seigneur dEnghien
heult plusieurs enffans lesquelz furent
ainssi quil appert ou Monseigneur Wattier dEnghien
et de celle fille de Flandres escheyt ung
moult puissant fils quy regna en France
moult puissamment. Et moult bien servit
le Roy Henricus ung connestable de France,

lequel estoit duc de Briane et heult epouse la fille du duc dAverton (ou dAnjou) dont escheyt une belle fille nommee Helaine, laquelle fut depuis mariee a un filz dEnghien et de leur mariaige heurent plusieurs enffans tant fils comme filles dont laisne filz espousa depuis la contesse de Leschus quy fust fille au conte de Sainct-Severin.

Le duc dAnthenes donna au mary de sa fille quy estoit le seigneur dEnghien les contes de Conversant et de Briane. Et lequel seigneur dEnghien appres le trespas de ses pere et mere demoura comme aisne conte de Conversant et de Briane. Et le seigneur dEnghien, et de sa femme heuyst ung filz quy fust nommez *Wattier* DENGHIEN et sans estre marie morut es guerres de Flandres, et par ainssy la fille de son oncle demoura contesse de Conversant, de Briane et dEnghien Dame. Laquelle se maria a seigneur Jeham *de Luxembourg*. Et de ceste contesse de Conversant escheyrent plusieurs enffans. Et par especial trois filz dont le premier fust nomme *Pierre*, conte DE LUXEMBOURG. Le second *Loys* DE LUXEMBOURG et le thier *Jeham* DE LUXEMBOURG.

Item. Appres le trespas de leur pere et mere demoura pour aine filz *Pierre* DE LUXEMBOURG, conte de Conversant, seigneur dEnghien et print a femme Marguerite *de Baulx*, fille du duc dAndere de laquelle pourrez cy appres veoir et trouver les genealogyes et les armes de ses costes. Item. De Monseigneur le conte *Pierre* DE LUXEMBOURG, conte de Sainct-Pol, de Conversant et de Briane et de ladicte Dame Margueritte *des Baulx* sa femme fille au duc dAndere escheirent pluisieurs enffans tant filz comme filles dont le conte *Pierre* en laissa au jour de son trespas six vivans : trois filz et trois filles dont l'aisne filz fust nommez *Loys* DE LUXEMBOURG, conte de Sainct-Pol. Le second *Thiebault* DE LUXEMBOURG et le thierch *Jacques* DE LUXEMBOURG. De filles laisnee *Jacquette*, la seconde *Isabelles*, la thierce *Katherine*. Et par ainssy vous povez jehy dessus veoir les blasons des costes dont il sont extraictz.

Chy appres seussuyt la

genealogie de tres haulte et
tres puissant Dame Madame
Margueritte des Baux, fille
du duc dAndre, espouse au dessusdict
Monseigneur Pierre de Luxembourg
conte de Sainct-Pol, de Conversant
et de Brianne et mere a Monseigneur
et Dames ses enfans dessus
nommez.

Premiers ceste Dame Margueritte des Baux vint de anticquicte de sy hault et noble lignee comme dempereurs, Roys, ducqs, contes et sont les armes de son pere telles que de droicte extraction leur viennent des lung des trois Roys asscavoir celluy nomme Baltazart. (1) le premier quy vist et congnent lestoille dont au nom de Dieu et au plus semblant quil pleusist faire une estoille dargent a XVJ pointes et le mist sur son escu quy estoit de gheulles et lapportat et fist porter a tous ses enffans comme ses propres armes et se monstra en maintes grosses batailles contre les ennemys de la foy chrestienne ou il obtint maintes nobles victoires. Et estoit Roy de Tartarie et a son trespas laissa pluisieurs beaulx enffans filz que filles dont laisne appres luy fust nommez Baltazart quy moult eust a souffrir pour la foy de Dieu soutenir et par la faulte et malvaise credence de ses freres luy convient laisser et habandonner

(1) Les deux autres étaient JASPAR et MELCHIOR.

son Royaulme. Et secretement se mist en mer en ung vassel a tout son trezor, Et tant navia par layde de Dieu il arriva au pays de Provence. Et illecques se amassa sur une haulte Roche ou il fit ediffier ung chastel tant beau et tant fort que merveilles est a regarder. Et lung donna a nom LES BEAUX. Et laquelle fortresse est la encoire au jour dhuy du propre héritaige ou duc dAndre, frere a la dicte Dame Madame *Marguerille* DES BAULX, contesse de Sainct-Pol, mere de Loys *de Luxembourg*, conte de Sainct-Pol. Et quy veux vouldroit et poulroit nommer tous les seigneurs et Dames depuis ont estes faictes aliances de mariage il luy commendroit estre grand temps et faire maintes escriptures. Sy commencherons a dire comment le conte Huon de Limoges print a femme la fille dung Roy de France, de laquelle il euist pluisieurs enffans filz que fille. Entre lesquels il euyst une fille nommee Katherine quy fust mariee a *Raimond*, seigneur des Beaux duc dAndere conte dAvelin. Et de Mont Escaillon et heuerent ensemble moult pluisieurs fils ung nommez *Butor* DES BEAUX quy appres la mort de son pere esquartella ses armes de France du coste de sa mere et en son vivant fust moult ayme du Roy et moult craint de ses voisins. Et au commendement du roy fist pluisieurs belles entreprinses grandement a son honneur dont cy nest besoing de plus dire. Item. Et *Butor* DES BEAULX, fils de

Monseigneur Raymondt des Beaulx print a femme la fille du conte de Fois nommee Bazille Dame de Vienne de laquelle escheirent deux filz.

Le premier fust nomme *Franchois* DE BEAULX, conte dAvelin. Et le second fust nomme *Bertrand*, conte de Mont-Escaillon.

Apres la mort du pere et du frere icelluy Monseigneur des Beaulx fut duc dAndere, conte dAvelin et du Mont-Escaillon. Et print a femme la fille du Roy Robert de Cecille, enffans de lung des freres de Monseigneur Sainct Loys et pere du roy Sainct Loys de Marcelles.

Et de ceste Dame neuyt nulz enffans mais le dessusdit Roy Robert heulrent pluisieurs freres et sœurs dont lung fust Roy de Hongherie, laultre prince de Salerne, laultre duc de Darus Et laultre prince de Tarente euyst a mariage la fille de lempereur de Greche de laquelle escheirent trois filz et une fille laquelle fust nommee Margueritte de Tarente, lesquelz enffans furent de par leur mere droix heritiers de lempereur de Grece. Et fust lung appelles lempereur Robert, laultre Phelippe et le Thiech Loys prince de Tarente, lequel espousa Jehenne Royne de Jherusalem et de Cecille de laquelle neuyst nulz enffans sy fust hoir ladicte Margueritte princesse de Tarente. Item. Le seigneur Bertrand des Beaux dessus nommez pour sa seconde femme print et espousa la fille du conte Molezin. Che conte Molezin euyst espouse Eleine fille de la sœur au Roy de Naverre, laquelle sœur au Roy de Naverre euyst espouse lenfant de Castille. Et de ceste Dame Margueritte Et de Monseigneur *Bertrand* DES BEAULX escheyrent trois filles et ung filz fust nomme *Franchois* DES BEAULX. La premiere fille fust nommee *Blanche*, contesse de Leiches. La seconde fust nommee *Katherine*, contesse de Fondes. La thierche *Izabeau* contesse de Sainct-Severin. Item. La dessusdicte princesse de Tarente sœur au Roy Loys print a mary Monseigneur *Franchois* DES BEAULX filz dudict Monseigneur *Bertrand* et heurent deux filz et deux filles dont laisnee fille quy estoit nommee *Anthonnete* fust mariée au Roy Henrry *de Bommacle* (1) et trespassa de son deupziesme enffant. Laisne des deux fust nomme *Jacques* DES BEAULX quy tout son temps porta tiltre dempereur de Constantinoble et fust depuis de Romenie joissant paisiblement et print a femme Dame Alimotte fille au duc de Duras. Laquelle estoit ante a celle quy a present est nommee la Royne Jehanne, Royne de Jerusalem et de Cecille a laquelle fault la lignye du roy Sainct Loys et marches de pardecha et morut devant son pere Sainct-Loys par mariaige. Mais de bastardez en heuyst grand largesse. Ainssy demoura seigneur *Franchois* DES BAULX quy print a mariaige Jehenne des Ursans. Ainssy avez vous la généalogie du pere et de la mere, du pere de Dame *Margueritte* DES BAULX, contesse de Sainct-Pol, sy dirons cy appres la genealogie du pere et de la mere par ainssy poulrez vous scavoir le hault et noble lignaige dont elle est venue et extraicte.

(1) Nous trouvons une version qui dit qu'Antoinette des Baux épousa Henri de Trina (Trinacrie), c'est-a-dire de Sicile, et une autre qui lui ferait épouser en 1362 Frédéric III d'Aragon, dit *le Sinople*. roi de Sicile et d'Elisabeth, fille d'Otton, comte de Tyrol.

Pour le surplus de la généalogie de la famille de Luxembourg, nous renvoyons nos lecteur à l'ouvrage de M. Maurin-Nahuys que nous avons cité à la page 100, ainsi qu'au manuscrit de M. de Ghellinck d'Elseghem dont nous avons parlé ; ce travail s'écartant de notre sujet.

FIN.

NOTRE DAME DE BON SECOURS,
priez pour votre zélé serviteur qui a toujours eu recours à vous.

✝

PRIEZ POUR LE REPOS DE L'AME DE
MONSIEUR

PIERRE-JOSEPH D'AUMERIE

décédé à Anseroeul, le 19 Novembre 1904,
dans sa 67e année, administré des Sacrements de Notre Mère la Ste-Église.

Il a tendu une main secourable aux malheureux sachant que la charité délivre de la Mort et procure les délices éternelles

TOB. XII. S. 9.

C'était un homme juste et loyal, aimant le bien, pratiquant la vertu, bon et pacifique, charitable dans ses relations ; son unique bonheur était d'obliger tout le monde par ses innombrables services.

Chercheur infatigable, il fut heureux d'éclaircir des points obscurs de notre histoire et de relever bien des nobles familles.

Ses œuvres lui survivront, sa mémoire restera en bénédiction.

Ne pleurez pas ma mort, frères aimés, sœur chérie !
Dans le sein de mon Dieu, je repose et je prie.
Je vous attends au Ciel .. dans les bras du Seigneur
Où vous viendrez un jour partager mon bonheur !

Miséricordieux Jésus, donnez-lui le repos éternel. (7 ans et 7 quar.)

Doux cœur de Marie soyez mon salut. (300 j. d'in.)

R. I. P.

Typ. Destrebecq frères à Celles.

www.ingramcontent.com/pod-product-compliance
Ingram Content Group UK Ltd.
Pitfield, Milton Keynes, MK11 3LW, UK
UKHW020915180726
13838UKWH00002B/558

9 782329 377858